社会人が困った時のための

スジの通し方

かじさとし

飛鳥新社

はじめに

社会人とスジ

「それはスジが違うんじゃないの？」

社会人になってから、仕事上のさまざまな場面で、よく聞かされる言葉のひとつです。

典型的パターンは、いくつかあります。

ウソ丸出しの遅刻、事前の取り決めとは違う段取りで仕事が動き始める、明らかな言いがかり、自分のではない業務の責任を問われる……。

法に触れるようなことではないけれど、普段の仕事を進めていくなか、「はぁ？　おかしくない？」という違和感が生じたときに、「スジが違う」と誰かが声を上げます。

それは上司だったり、あなた自身だったり。肩書きや立場の大小は、関係ありません。

どんな仕事にも、どんなポジションのサラリーマンにも、予期できないタイミングで、スジ違いは発生します。

スジ違いは、暗黙か公然かは問わず何らかのルールを、誰かが意図的に（もしくは仕方なく）逸脱したとき、生じます。

スジを学ぶこと

子どもの頃や学生時代は、そんなにスジ違いなことはありません。若いころは人間関係や環境のほとんどは、情緒的な繋がりによって形づくられており、いわゆるスジの発生する場面が少ないからです。

多くの人は、社会人になったとき、戸惑います。

スジなるものが、人間関係を繋いでいる。

スジを通さない者は、非難される。

スジとは仕事の上では、どうやら法規と同じぐらい重要視されているらしいという現実を、いやでも知らされます。

ではスジとは何なんですか？　と年長の先輩方に訊くと、たいてい「口では説明できない」とか、「そんなものは自分で学べ」と、叱られたりします。

スジを違《たが》えたくない、スジを通して仕事をうまく進めたいのに、その正体がまるでわからないのでは、大いに困りますよね。

しかし先輩方の言うことは、もっともでもあります。スジとは、ルールのようであって、ルールとは言いきれません。常識でもあるけれど常識でもない。誰にとっても正解とされる、共通の公式は、どこにもありません。

社会では重要視されているものらしいのに、汎用的なテンプレートが存在しない。厄介な「決めごと」です。

さらにややこしいのは、スジの通る話であっても、別の場面では大きなスジ違い、という例があります。

オフィスの席ひとつ隔てただけでも、スジのパターンは変わります。自分の席では通用したスジが、背中あわせの席にいる先輩や同僚には、ひどく腹の立つスジであるというパターンは、珍しくありません。自分は普通に仕事しているだけなのに、同僚や先輩にいきなり「お前はスジをわかってない！」と怒られ、おろおろしてしまう経験は、誰しも一度ぐらいあるでしょう。

スジとは、何なのでしょう？

正しいスジを身につけるには、どうすればいいのでしょうか？

社会人を悩ませる、ビジネスのスジの構造と用法を、わかりやすく解いていこうというのが本書の試みです。

スジにもメカニズムとコツがある

本書を執筆するうえで、いろんな社会人の方々に取材しました。出版界をはじめ飲食、販売、銀行、広告、貿易、クリエイティブ……基本的に、まさにスジの通る、通らないに直面している現場のビジネスパーソンばかりです。また自営業や会社経営者の方にも、さまざまなエピソードを聞かせてもらいました。

最初の頃は、取材させてもらった業界が多岐にわたるため、話がとっちらかってしまうのではないかと懸念していました。スジの種類が違いすぎて、ひとつの本に、まとめられないかもと。

しかし取材の10人にも満たない、早い段階で気づきました。

スジの違う場面は業界それぞれですが、スジがズレるメカニズムには、共通点があると。詳しくは後の章で述べますが、業界に関係なく、教えてもらったスジのタイプは似通っていました。かなり特殊例と思われるエピソードも、例外にはなりませんでした。

「スジの違う」状況には法則とでも言いましょうか、何らかの原理が働いてるらしいことが判明しました。それも決して大きな原理ではなく、ごく些細《ささい》なきっかけです。

スジの違う場面はあまりに多様すぎて、具体的な対処法はないし、分析も不可能だからという思いこみが、スジをわからなくしている原因のひとつだと考えられます。


何事にも通じることでしょう。「理屈じゃない」「そういうものだ」と決めつけるのは思考停止です。思考停止すると、その構造の本質を見逃し、解決策を見出す努力をやめてしまいます。


スジは曖昧でも、理解不能なものでもありませんでした。

きちんと構造を解いていけば、しっかり管理できます。

概念自体は、曖昧かもしれません。社会に存在する種類も多いですが、取り扱い不能の危険物ではありません。

社会経験値が足りなくても、ちょっとしたコツと工夫を心がけるだけで、スジはスムーズに通ります。


本書では、スジの違う場面など実例を挙げながら、その構造を解いていきます。そしてトラブルの回避・対処法を、わかりやすく提示していこうと思います。

スジの取り扱いに必要なのは、想像力と知恵です。

うまくスジを使いこなせるということは、インテリジェンスの高さを証明します。

スジの管理能力は、ビジネスのプロジェクトを円滑に回す能力値なのです。

むやみに社内でポイント稼ぎに努めずとも、スジの間違いを意識して減らしていけば、周囲の尊敬と信頼を集めるでしょう。

スジとは、人がよりよく豊かに、社会生活を過ごしていくうえで、たいへん便利な〝道徳〟です。その理由も後々、述べていきましょう。

社会人が困った時のための　スジの通し方　目次

第1章 スジってなに？ 名作ドラマ・古典を参考に読み解く

どんな世界にもスジのトラブルはある

スジの概論に入っていく前に、まずは私の話をしておきます。

音楽の制作会社の勤務を経て、25歳からフリーランスのライターとして活動しています。独立してからは一度も勤め人には戻っていません。会社組織の論理で仕事をしてきた経験はあるので、初めからフリーの人よりは、サラリーマンのスジの面倒くささを、少し理解できます。

在職中は多くのサラリーマンと同様、スジというものに対して、いい印象を持っていませんでした。当然です。スキルも人脈も未熟なころのスジとは、上からの「命令」。仕事で自分の意思や好みをはさむ余地は少ないものでした。

やっているというより、やらされている印象が拭《ぬぐ》えず、そこで発生するスジが自分を高めるものであるという意識は、極めて薄かったです。

毎日、上司の命令をいやいやこなしながら、スジなんか壊して好きなことをやってしまえ！　的な、ロッカー風の生き方が格好いいと思いこんでいました。

恥ずかしい限りです。スジに対する自分の解釈の狭さに呆れます。

それも若さということで許したいところですが、そんな心根を正さないうちに、フリーランスになってしまったから大変です。

これからはスジなんか関係なく、自由に働いていいんだ！　と喜んで、いろんな会社に営業に行きました。私自身が若かったのと、出版界もまだ少し景気の良い時代だったので、有り難いことに依頼はぽつぽつとありました。

相手の顔色をうかがったり、取引先のパワーバランスを考慮したり、会社員時代にやっていた配慮をほぼ無視して、仕事を引き受けていました。自分はスジに縛られるような仕事はしないと、粋がっていたのです。

そんなスタンスが、長く通用するはずはありません。

依頼は続かず、引き受けた仕事でも、トラブルが増えました。

取引先やフリーの先輩からは「君はスジを間違えている」と言われるようになりました。呼び出されて怒られる回数は、会社員時代よりも増えていました。

私は勘違いしていたのです。スジのない社会は、ありません。

フリーランスにはフリーランスの、厳然たるスジが存在するのでした。

組織対個人、社内政治のスジからは解放されたかもしれませんが、今度は雇い主と下請けという、会社員よりもかなりシビアな主従関係が、スジとして発生することになりました。それはいつ切れるかわからない脆弱《ぜいじゃく》なものであり、一度切れたら、ほとんど修復はできません。そして、それは生活の危機に直結します。

単身社会へ飛び出たことで、自分は組織のスジに守られていたことにも気づきました。会社員時代に学んだ知識はまったく通用しませんし、フォローしてくれる仲間もいません。勤め人だった頃は自分の犯したミスや未熟さを、スジという名の下に、会社のみんなが助けてくれていたのだと、そこで本当に思い知ったのです。

仕事で何かしらトラブルがあったら、躊躇《ちゅうちょ》なく切り落とされる。

それがフリーランスのスジです。

そんなことも知らずに会社を辞めたのか？　と友人ライターに呆れられました。もちろん頭では理解していたつもりでした。

しかし想定するのと、フリーになってみて会社員時代とは別種のスジに実際に触れるのとは、違います。自分の不手際でミスを犯しては、スジが断ちきられる瞬間にいくつも遭遇していると、「どこに行ってもスジからは逃れられないし、大事なんだなぁ……」と、苦い学びを得ました。小さくはない代償を払いましたが、いまは貴重な財産です。

フリーの仕事は、サラリーマンの友人から気楽でいいねと言われます。同時にリーマンショック以降、フリーは大変じゃない？　と心配されることも増えました。正直、どちらもそうですねとしか答えようがありません。

フリーでも会社員でも、基本的にはやることは同じです。

スジを通して、関係を築くこと。スジのタイプは違うかもしれませんが、スジを気づかう作業は同じです。お金をもらって働く生き方においては、基本的に、フリーも会社員もまったく違いはありません。

そんな当たり前のことを、やっと口にできるようになったのも、苦い経験あればこそでしょう。

スジを違えて人に迷惑をかけてしまったり、スジに引っかけられて転んだこともあります。大切にしていたはずのスジが不可抗力で切れてしまったときは、自分でこつこつ編み直す。その繰り返しです。やはり人は、失敗からしか学べません。

参考までに、私がフリーになってから経験したスジ違いのトラブルを、いくつか紹介しましょう。

フリーのライターがよくおかすスジ違いは、締め切り破りです。

あらためて言うことでもありませんが、スケジュール通りに原稿を納品するのは、プロの最低限の条件です。しかし若いころは自分の能力の範囲を把握できず、たまにオーバーウェイトな仕事を引き受けていました。依頼をもらえるのが嬉しくて、調子に乗っていたのですね。締め切り間際になって、大量の資料を用意しないといけないとか、取材がまったく足りなかったことに気づき、青ざめてしまったことが、たびたびあります。結局、締め切りを飛ばしてしまい、編集者にひどく怒鳴られました。

ライターに限りませんが、仕事のスケジュールとは、依頼主と依頼された側の二者間だけを繋いでいるものではないのです。プロジェクト全体が、いくつもの部署のスケジュール行程で成り立っており、予算も人員も動いています。末端の下請けのひとつでも、そのスケジュールを乱すということは、プロジェクト全体の動作不良を招きます。

未熟なうちは「全体」を健全に維持するために、末端の厳しい管理が重要であると、理解できません。私の場合、締め切りを破ったら編集者に謝ればいいと考えていました。しかし、あるときスケジュールで迷惑をかけた年長の編集者に「君はライターの技術よりも、仕事人としての想像力を養う努力をしないと、残っていけないよ」と言われました。

あれは本当に、胸に刺さりました。

厳しく、そして愛のこもった言葉。この仕事をしているうちは忘れないでしょう。20代のときにしか聞かせてもらえない、大人の戒めでした。

締め切りを遅らせて、困るのは担当編集者だけではなく、デスクや編集長、出版社の営業や管理、販売、財務……いろんな部署の手間を増やして、刊行物のクオリティに影響します。そして最終的には、書店員さんや読者に、迷惑がかかるのです。

フリーにとって、スケジュールを破るのは「約束を守らなかった」という違反行為だけではなく、「全体に迷惑をかけることへの配慮がない」というスジ違いをおかしていることになります。

プロジェクトにおいては誰にでも当てはまることですが、フリーは「全体に対して責任を負わなくてもいい」という、特殊なスジを有しています。それが甘えや逃げの原因にもなっています。そして締め切りを破ることがさも格好いいようにふるまっている同業者もいました。たいへん見苦しいです。

しかし仕事人の甘えや逃げを、きちんとしたプロは決して見逃してくれません。よほど傑出した才能がない限り、締め切り破りを重ねたフリーは仕事をなくしていきます（現実的にはその傑出した才能の持ち主は、どこにもいないようです）。

私は30代に入ってからは、一度も締め切りを破っていません。何の自慢にもならないことですが、締め切りが厳しいと少しでも感じる仕事は、決して受けないようにしています。

仕事をなくすのは、怖いことではありません。

むしろスケジュールのスジ違いをおかすことで、プロジェクトに関わった、いろんな人たちの生活に何らかの悪い影響を及ぼす方が、怖いのではないでしょうか。

引き受けておいて、できませんでしたというのは論外です。できないものはできないと言って、できる人に渡す。それが常識であり、仕事人の礼儀です。

善意でやることは充分に注意して

若い頃は、スジの通し方を間違えて、いろんな場面で信用を失いかけました。その最たる例をお話ししましょう。スジ違いの例としても、参考にしていただけると思います。

制作会社を退社して間もないころです。

会社員時代から取引のあったP社から、ドラマCDのコーディネイトを依頼されました。ドラマCDとは、人気のあるコミック原作をもとに、セリフだけでつくったドラマをアニメの声優さんが演じる、オーディオ商品です。私はアニメ関連の音楽制作を手がけていたので、ひととおりの手配を整えるスキルは持っていました。

当時はまだドラマCDの市場が潤っていて、5万枚以上売れるドラマ作品も少なくありませんでした。原盤をコーディネイトできる制作会社の需要は高く、私のような駆け出しのフリーランスでも、声をかけてもらえたのです。

P社から依頼されたのは、女性ファンの多いコミック『S』のドラマ化でした。キャスティングほか多くの権限は、まず原作者のMさん（女性）にあると。これはありがたいと思いました。私は前にご一緒した仕事が縁で、個人的にMさんと仲が良く、P社を通さずに直接話し合うことができたのです。

P社と予算組みや販売戦略など具体的なビジネスプランをつくっていく一方、私はMさんと直接、会いました。彼女の意向を汲んで、キャスティングやスタッフを決め、内容を詰めていきました。そして会社員時代の人脈を生かし、予算をかなり安く抑えられる、いい録音スタジオとエンジニアも手配できました。

普通なら煩雑な原作者との話し合いをクリアできたのですから、きっとP社も喜んでくれると思いました。制作の大枠が固まり、P社に、このキャストとスタッフで行きますと提案しようとした直前のこと。P社の担当ディレクターから、問い合わせがありました。

「Mさんから聞いたけど、キャスティングもスタジオも決めたんですって？」

私より先に、Mさんから P社に報告が入ったようです。私はその段階では、「原作者の許可を受けた」というスジを通しているので、何の問題もないと思っていました。しかも制作費を安く抑えているのです。胸を張って、どうだ！　という気分でした。

ところがP社の担当ディレクターは、烈火のごとく私に怒りました。

「あんた、スジを間違えるんじゃないよ‼」

私はこの時点で、大変なスジ違いをおかしていたのです。

まず、P社からの依頼である以上、すべての交渉はP社を通して行うべきでした。P社はMさんから『S』のドラマ化の権利を受け取るのに、大変な苦労をしていたはずです。なのに後から来た外注業者の私が、最高権限のある原作者に直接アプローチするなど、言語道断です。最低限、P社に「Mさんとは知り合いです」「内容の打ち合わせは直接できますけど、いかがでしょうか？」と、きちんと断りを入れておくべきでした。

私の不手際は、まだありました。キャスティングの権限はMさんにありますが、P社は同社で売り出し中だった声優アイドルグループのメンバーを、『S』にブッキングしようと考えていたのです。それは折をみて、Mさんに相談するつもりだったと。しかしキャスティングがMさんの意向で固まった以上、ひどく相談しづらい話になってしまいました。

さらにエンジニアはともかく、録音スタジオはP社の子会社系列のスタジオを使うように、会社から指示があったそうです。そういうことは最初に言っておいてほしいという気持ちもありますが、コーディネイトを引き受けた以上、録音スタジオを決める段取りをP社と話し合わずに独断で決めた、私の方に大きな非があります。

　私はP社に呼び出されました。担当ディレクターとプロデューサー、制作局の局長など上層部の方々が会議室に詰めるなか、「事情説明」を迫られました。

　渋面の男性5〜6人に囲まれ、冷たい汗を滝のように流しながら、私はそれまでの経緯を話しました。まさに針のむしろの気分です。

　いちばん上の局長に、こう言われました。

「事情はわかりました。あなたに細かい進行をほとんど丸投げで、意思疎通を怠った、P社のミスがあったことも認めます。だけど今回のことは明らかに背信ですよ。過程はどうであれ、現場はMさんに対し、恥をかくことになりました。私たちは原作者のMさんに最大の敬意をはらっていますが、Mさん個人を喜ばせるために作品をつくるわけではないんです。作品はあなたや、P社全員、関連スタッフみんなでつくるもの。マーケティングの面では、Mさんの意向に沿えない場合も出てきます。Mさんの顔だけ立てて、予算が抑えられたらそれで万事OKなんて、スジ違いもいいところですよ。実害は出ていないから、とりあえず問題にはしませんが。あなたはビジネスの裏切り行為を犯したことを、しっかり認識してください」

私はただ、うなだれるばかりでした。言葉ひとつひとつが胸に刺さりました。あまりに反省しすぎて、しばらく食べ物が喉を通りませんでした。

その後は、本当に大変でした。

まずMさんに、キャストと録音スタジオの変更を申し出て、平謝りしました。Mさんとしては P社から全件、私が請け負っていると考えていたのに、今ごろ謝られるのはひどく不快だったでしょう。Mさんは決まったキャストの何人かには、すでに個人的に話してしまったそうで、そちらの事務所のフォローに回る作業にも骨を折りました。P社の担当ディレクターにも助けてもらい、ひたすら謝り続け、Mさんには何とか納得してもらえました。しかしそれ以来、やはりMさんとは疎遠にされています。自業自得でしょう。

録音スタジオにも詫びを入れました。次の仕事では優先的に使わせていただくと、約束することでスジを通すしかありません。エンジニアは、すでに決まっていた方にお願いできましたが、一連の事情を話すと「それは君が悪いよ」と、苦笑いされました。

各方面に頭を下げ、事態は何とか整理できました。とりあえず金銭的には、誰にも損害を出さずに済みました。

キャストを正式にオファーして、録音日も決まっている段階でのトラブルだったら……

と、いま思い出してもゾッとします。

今回の例での、私のおかしたスジ違いは、「話を通していない」ことにまとめられます。

「自分は聞いていない」案件が、あるとき突然、決められた状態で手元に降りてくるのは、誰だろうとひどく嫌なものですよね。私はそれを「よかれと思って」やってしまったのです。

ひとつ教訓を述べます。善意での行動は、充分に気をつけること。

良いことだという思いこみは、全体を通している正しいスジを、見えなくしてしまいがちです。

私の場合、「使えるヤツだと思われたい」という功名心も働いていました。これは失敗を招きます。能力を認めてもらいたい。その気持ちは自然なものですが、だいたい成功しません。功名心は自分のためのスジなので、褒められるどころか、他人を不快にさせます。

仕事を進めようというとき、自分の判断を振り返ってみましょう。

そこに顕示欲はないか？　と。

一度自問するだけで、スジの大きなトラブルは回避できます。

私が起こしたP社との事例は、大人の方々の配慮とお叱りにより、最悪の事態だけは回避できました。いまでもP社の方々には感謝しています。

こじれたスジは、きちんと当人が反省し、ひとつひとつほどいていくこと。痛い思いから学んだ、大人社会の常識でした。

〝坂本金八〟のスジの通し方

私の体験談はここで置いて、スジの概論を解いていきましょう。

世間一般にスジの呼称が使われるようになったのは、いつ頃でしょう？　それほど歴史が新しいものではないと考えられます。

古典落語では、たびたび人々のスジについて語られています。正直者たちがスジを通すために意地を張り合う『井戸の茶碗』ほか、スジのこじれが軽妙に描かれた噺《はなし》は多いです。落語に頻出するように、スジはかなり以前から、日本人の生活に根ざしていると言えます。

しかし実際に日常で使う場合は、もう少しハードルが設定されているというか、そうフランクに使えるような表現ではないようにも感じられます。辞書で引くと「物事の道理。社会通念上の正当性」などと書かれています。何やら仰々しいです。

日常用語ではあるけれど、使用許可が下りるのは成年以降。未成年禁止とまでは言いませんが、大人社会の独特の慣用表現と考えられます。

厳密な出自は不明ですが、語感や用法から予測すると、おそらく任侠の世界から派生したものでしょう。「スジを通す」とは、ヤクザ映画の常套句です。抗《あらが》うと、何か危ない代償を払うことになりそうな、圧力を含んでいるように感じられます。侠客の世界の表現が、表社会の人間関係のルールづくりに波及しているのは、日本の民俗学的な面でも、なかなか面白い現象ではないでしょうか。

侠客の世界の言葉だとしたら、子どもがよくわからないのは当然です。子ども同士のケンカなどで「スジが違うだろ！」と怒鳴り合う場面は、滅多に見ません。また、子を持つ親なら子どもがスジなどという表現を使うと、厳しく叱ります。無意識に、あまり子どもが使うのにはふさわしくない表現であると、一般的には浸透されていると言えます。

しかし、昭和50年代初頭。子どもたちの間に、スジが広く知れ渡るテレビドラマが放送されました。『3年B組金八先生』の第2シーズンです。かの有名な「腐ったミカン」が登場します。

物語の舞台である桜中学に、荒谷二中の番長だった加藤優が転校してきます。加藤は荒谷二中では手のつけられない不良で、彼がいることにより、他の生徒まで非行に走ってしまう可能性がある。それを箱詰めのミカンになぞらえ、きれいなミカンを救うために1個の「腐ったミカン」を放り出した、というのが荒谷二中の理屈だといいます。

そして加藤の転校初日。事件は起きました。B組のボスだった松浦悟の挑発に乗って、加藤は教室内で大暴れ。「やめなさい！」という金八先生の静止を聞かず、学校を飛び出し、暴走族・魑魅怒呂《ちみどろ》の溜まり場のバー、Zへ逃げてしまいました。

金八先生は単身、Zに乗りこみました。店内には加藤、加藤の兄貴分である魑魅怒呂リーダーの神津清一、立会人となるZのオーナー・岸森の3人が待っていました。

最初に怒りをぶつけてきたのは清一です。金八先生がイスに座ろうとすると、地べたに座れと強要します。「手をついて座って話せ！」と。しかし金八先生は、こう返しました。

「スジが通らんじゃないか」

と。このときが、大人が子どもを相手にスジについて問うた、ドラマ史上初めてのシーンではなかったかと思います。

そして金八先生は、自分は「謝りに来たわけではない。話し合いに来た」という姿勢を表明します。

つとめて冷静にふるまう金八先生と、3人の不良たちは話し合いを始めました。

加藤側の言い分としては、「母子家庭の家計を支えるために働いていて、勉強が遅れた」「成績が悪いから、不良と決めつけ、学校からはじき出すのはおかしい」というものです。金八先生は、複雑な事情は汲み取ったうえで反論します。

「勉強がわからないのなら、なぜわかろうとしなかった。わからないところはわからないと、どうして言わなかった。生徒がわからないというのなら、教師は必ずわかるまで教えてくれる」

「お前の恨みを学校のせいにするのはおかしい。俺がいつ、あなたを迷惑がったか。迷惑がる間もなく、勝手に教室を飛び出てったんだろう！」

と。旗色の悪くなってきた加藤側は、それでも言いつのります。「不良としてばい菌のように扱われた学校への恨みは決して消えない」と。「そもそも行きたくもないのに義務教育だから学校へ来いだなんて、人権蹂躙《じゅうりん》だ」とも言います。

ここで金八先生は、大人らしい手をうちます。

人権という公的用語が出たのを利用して、それまでの感情的な言い合いとはうって変わり、教育法の根本的な理屈についての話を繰り出しました。

「じゃあ聞こう。そもそも義務教育とは何だ？　学校へ行きたくない生徒を無理に行かせることが義務教育だと思っているのか？　だから馬鹿だと言うんだ。よく聞きなさい。小中学校まで子どもを学校に通わせる義務は、親や自治体にあるのであって、加藤には教育を受ける〝権利〟がある。お前は教育の権利者だ。義務があると思いこむのが間違いだ。

数学がわからないというなら、わかるように教えてくれと教師に要求する権利がある。お前は、その権利を行使できることを忘れちゃいけない。なのに、権利を正しく使わずに、勉強をサボって一方的に学校が悪いと決めつけるのは、それはスジが通らないだろう」

これには加藤側も、ぐうの音が出ません。

反論のできない、法律というスジで、感情論で押してきた相手のスジの歪《ゆが》みを指弾しました。相手のスジを正すには、同じラインに沿ったスジを用いるより、法的効力というまったくタイプの違うスジで攻め落とす。このシフトチェンジは見事です。

しかも相手の知らないだろう知識であれば、なお効果は増します。当時ドラマを見ていた同年代の中学生たちも、なるほど！　と、感心したでしょう。

Zでの金八先生のスジをめぐる話し合いは、いったんは鎮静しました。金八先生も、年長の岸森の語る不良の心情について、一部理解を示します。どれだけ意見が相反していても、相手側の主張を、まず聞き入れる。これもスジのトラブルの解消では重要なことですね。

そして、金八先生が加藤を連れて帰る方向でまとまりかけます。しかし清一が「魑魅魍魎の顔を立てるために、加藤に謝れ！」と主張します。金八先生は食い気味に「断る‼」と怒鳴り返しました。

「加藤は3Bの教室で暴れたとき、仲裁に入った俺にイスを振りあげた！　だから俺はいけない、やめなさいと言った！　人にはやっていいことと悪いことがあるんだ！　それを教えるのが教師だ！」

不良だから叱る、という理屈ではないのです。「いけないことはいけないんだ！」と生徒に教えるのが、金八先生の一貫したスジでした。

教室では教師の自分がレフェリー。加藤が松浦に腹を立てたなら、ケンカをしてもいいけれど、「レフェリーが合図も出していないのに手を出すのは許さない！」と、きっぱり言います。

そして、こう締めます。

「加藤は、やめなさいと言ったときに暴れるのを止めるべきだった！　それが集団のルールだと、俺は言いに来たんだ！　謝りに来たわけじゃない」

素晴らしい一撃です。金八先生は、相手のスジを受け入れた後に、そのスジがいかに歪んでいるかを指摘し、自分のスジを毅然と表明。最終的に、スジの違う者が同じ場所に集い、学び高めあっていくために共有しなければいけないスジとは、いかなるものかを明確にしました。

交わりづらいスジを、納得のゆく妥協点で束ね、関係の断裂を未然に防いでいます。スジ違いの状況を解決する、お手本のような一連の展開でした。

清一は腹の虫がおさまらず、金八先生に「一発殴らせろ」と言います。それに対し、金八先生は、

「いいでしょう。殴るなら殴っていいよ。その代わり加藤をもらっていくからね！　それがあなた方の言うスジでしょうが！」

と切り返しました。これも見事でした。相手の歪んだスジにあえて乗っかり、相手の論理でスジを通し、結果的にこちら側の本意を遂げる。そうされると相手は、何も言えません。

金八先生の方法ではなく、最初から感情論でケンカに及んだり、警察に任せたりしていたら、解決には至りませんでした。認めるべきところは認め、譲らないところは絶対に譲らない。きちんと整理しながら、話し合うことができるなら、人間関係のスジは信頼という紐帯にもなります。実際、このZでの話し合いの後、岸森と清一は金八先生には信頼を寄せ、加藤はやや頑なさは残りながらも、金八先生の言うことを聞くようになります。

年の離れた若者との間のスジの修正と再構成を、ひとつの場面で成功させました。巧みなセリフの応酬をつくりあげた、脚本の小山内美江子さんに感服します。

『3年B組金八先生』は、教育問題を深く問う優れたドラマであると同時に、スジという

ものが学校ひいては人間関係の根幹にあるという事実を、低年齢層の視聴者にも知らしめた、エポックメーキングな作品でした。

スジの中身は古典にあり

スジについて、より詳しい解析がされているのは、やはり古典です。なかでも、スジとはこういうものであると論じきった決定的な作品が、ひとつあります。『論語』です。

人のスジのルールに核心的な構造、用例、応用編に対処法などがすべて網羅されています。この名著から、アジア経済圏に広く浸透する、スジの世界観が生まれたのではないかと言っても過言ではないでしょう。

そのエッセンスは、ことわざにも見てとれます。「朝に道を聞かば、夕べに死すとも可なり」「君子は義に喩り、小人は利に喩る」「利に放って行へば怨多し」「勇にして礼無ければ、則ち乱す」「己に如かざる者を友とする無かれ」「吾が道は一以て之を貫く」……など、人のあるべきスジを説いたことわざは『論語』からの引用が多く、日常生活にも広く浸透しています。

中国史に刻まれた賢者の孔子は、思想家であると同時に、優れた政治家でした。百戦錬磨の官吏たちと意見をぶつけ合い、魯国の発展に努めました。その傍らで私塾を開き、子路、顔回、曾参、子夏、子貢、そして孟子や旬子という、後に名を成していく若きインテリたちに教えを説きました。

孔子はずば抜けた賢者でしたが、周りは利発で我《が》も思想も強い人材ばかり。人間関係の調整や説得、またはフォローには苦労したでしょう。現代の大企業の経営者にも通じる姿だと思います。

『論語』の教えの大部分は、人の正しい道を説いた実践道徳の体系的教説ですが、先生が無知な生徒に対するような、居丈高なものではありません。孔子自身もスジを通す生き方の困難に悩み、気の遠くなるような思考を重ねて、やっと答えを見つけだしたという、茨《いばら》の道遍歴がうかがえます。言葉をじっくり読みこめば、孔子の顔の無数のシワさえも見えてくるようです。だからこそ味わいも説得力も、深くなっています。

『論語』の最後の方には、このような言葉があります。

「孔子曰く、命を知らざれば、以て君子と為る無きなり。礼を知らざれば、以て立つ無きなり。言を知らざれば、以て人を知る無きなり」

訳しますと「孔先生は教えます。人間は、神秘的な大いなる世界における、ごく小さな存在であるから、自分に与えられた運命を自覚すべきである。そうしない者は教養人たりえない。また人間は社会生活をしている存在だ。社会規範を身につけていない者は、人の世を生きていくことはできないだろう。そして人間は言葉を使う。言葉について深く理解できない者は、人間を真に理解することはできない」という内容です。

〝言〟の部分は、そのままスジに入れ替えられます。スジの理解は、人間の理解に繋がり、教養人としての成熟した人生を創造していくのだと思います。

『論語』は人生を清廉で、間違いのないものにするのに、必要なスジ道が記録された、不朽の啓発書です。スジを学ぶのに、これ以上のテキストは存在しないと言えます。

『論語』の現代語訳は、多数の出版社から出ています。じっくり読みこむには、加持伸行『論語』（講談社学術文庫）がお薦めです。安岡正篤『論語に学ぶ』（PHP文庫）、加地伸行『ビギナーズ・クラシックス　中国の古典　論語』（角川ソフィア文庫）なども、読みやすいと思います。

『論語』は、経営者や日本企業の上役たちのほとんどが薫陶を受けています。いわゆるシニア層に共通する、正しいスジ道のマインドというものは、この古典が基礎になっています。

若い世代が、年長の相手とのスジ違いなトラブルで悩んだとき、『論語』を学んでおくのと学んでおかないのとでは、まったく対処が変わってくるでしょう。相手のマインドを理解して、素早く対処・解決する方法を見出すのに、古典の知識はとても役立ちます。

共通の知識を持つと、同じスジを共有して、仕事をしやすくなります。例えば年長の取引先相手にプレゼンを仕掛けるとき、比喩表現として、『論語』の一節をそらんじてみましょう。かなり高い確率で、「こいつはわかっているな」という、プラスの評価を引き出せます。またオフィスのデスクに、『論語』の文庫が置いてあるだけで、部下の査定を高く見るという役員の方も、実際にいらっしゃいます。

そういう評価を上げるテクニックだけでなく、古典には人の精神の背骨を強くする効用があります。背骨のある人は、スジ違いを起こしづらくなります。スジ違いが起きたとしても、そのズレを解消してくれる答えが、背骨に備わっています。

勉強のために、社外セミナーや勉強会に参加するのも行動的で結構なことですが、しなやかで強いスジを備えるには、『論語』をはじめとする古典を学ぶのが効果的だと思います。一冊でもいいので、時間のあるときに、ぜひ関連書を読んでみてください。

効果的なスジのつくり方～ベンジャミン・フランクリンに学ぶ

スジのつくり方として参考になる本は、『フランクリン自伝』です。

ベンジャミン・フランクリン。世界史が得意な人は、ご存じでしょう。アメリカの建国前後に活躍した実業家。また有能な科学者・政治家としても活躍した、多才な人物です。

フランクリンは貧しい印刷工からキャリアをスタートさせました。ひとり立ちしてから着実にステップアップ、最終的にはアメリカ国家を左右するほどの莫大な財産と名誉を手にしました。

そんな彼が自ら著した『フランクリン自伝』のなかで、最も有名なエピソードは、〝13徳樹立〟でしょう。

フランクリンが考えた、ビジネスや政治、ひいては人生全体を豊かにしていくのに欠かせない、13の教えです。紹介しましょう。

1. 【節制】飽くほど食うなかれ。酔うまで飲むなかれ。
2. 【沈黙】自他に益なきことを語るなかれ。駄弁を弄するなかれ。

3. 【規律】物はすべて所を定めて置くべし。仕事はすべて時を定めてなすべし。

4. 【決断】なすべきをなさんと決心すべし。決心したることは必ず実行すべし。

5. 【節約】自他に益なきことに金銭を費やすなかれ。すなわち、浪費するなかれ。

6. 【勤勉】時間を空費するなかれ。つねに何か益あることに従うべし。無用の行いはすべて断つべし。

8. 【誠実】詐《いつわ》りを用いて人を害するなかれ。心事は無邪気に公正に保つべし。口に出ですこともまた然るべし。

9. 【正義】他人の利益を傷つけ、あるいは与うべきを与えずして人に損害を及ぼすべからず。

9. 【中庸】極端を避くべし。たとえ不法を受け、憤りに値すと思うとも、激怒を慎むべし。

10. 【清潔】身体、衣服、住居に不潔を黙認すべからず。

11. 【平静】小事、日常茶飯事、または避けがたき出来事に、平静を失うなかれ。

12. 【純潔】性交はもっぱら健康ないし子孫のためにのみ行い、これにふけりて頭脳を鈍らせ、身体を弱め、または自他の平安ないし、信用を傷つけるがごときこと、あるべからず。

13．【謙譲】イエスおよびソクラテスに見習うべし。

この13徳をフランクリンが確立したのは、彼が25歳のときです。心の早熟ぶりに、驚かされますね。

たいへん立派な道徳訓ということに間違いはありません。しかし、13「徳」の徳は、日本人の感覚でとらえる「徳」とは、やや違うのがおわかりになるでしょう。

日本社会での一般的な徳というものは、仏教から派生した色合いを帯びています。普段の仕事とは、区別して考えられがちです。極端な話ですが、朝晩はお経を唱えるなど徳を積む修養はしているけれど、昼間は儲けるために汚職に手を染めている、という人の例も、少数ではありません。

フランクリンは、そういった「心の徳と金儲けは別」という線引きをしませんでした。誠実な仕事とは、社会に尽くすこと。誠実に、貢献を積み重ねていくなかで、徳が磨かれていくものと考え、13徳を樹立しました。

これがフランクリンの成功人生を支えた、大原則のスジなのです。

スジを通すにはフェアかどうかを問う

フランクリンはビジネスや人間関係、すべての場面で、ある判断基準を持っていました。それは「フェアであること」です。

13徳をひとつに束ねた、彼のシンプルな信条と言えるでしょう。

こんなエピソードがあります。

フランクリンは10代半ばのころ、新聞を発行している兄のもとで働いていました。新聞は市民から好評を得ていましたが、あるとき記事が当局の怒りをかい、発行を禁じられてしまいました。そこで兄は、弟であるフランクリンを、いったん解雇。そして弟の名前を使って、自分の思い通りの新聞づくりを続けました。

当局の目はごまかせましたが、この出来事を契機に、フランクリンと兄の間に確執が生じました。いつまでも兄の下働きから抜け出せないことが不満だったフランクリンは、兄ではなく自分の新聞であるように主張します。兄の影響下を抜け出し、いまこそビジネスマンとして、自由を手にしようとしたのです。

兄の方は当局を騙している引け目もあり、ひどく困ったと思われます。何とか兄弟で新聞を続けようと話し合いをしたものの、やはり才覚はフランクリンの方が格段に上。結局、兄弟は和解の道を見いだせず、決別するのでした。

このとき兄に対してした自分の主張を、フランクリンは、強く後悔していました。自伝のなかで、こう語っています。

「かように相手の弱点につけこむようなことをしたのは公正ではない。だから、私はこのことを生涯の最大の過ちの一つに数える」

ビジネスの世界ではよくある衝突劇なのですが、強く言えない立場の相手に対して、力を行使するのは、フランクリンにとってはフェアではありませんでした。

損か得かではなく、「客観的にみて公正かどうか」を問うのが、フランクリンの価値基準であり、スジの通し方だったのです。

フェアか、フェアではないか。習慣的に考えてみましょう。

特にビジネスの場面では効果的です。

ビジネスでは、行くべきか退くべきか、相手を信じるべきか手を切るべきか、情報を明かすべきか隠し通すべきか……多くの駆け引きのなかで、判断を迷います。価値観も考え方も、また会社の方針もバラバラですから、正解はひとつではありません。判断をひとつ下すだけで、各方面に気を配らなくてはいけない。疲労は重なり、胃も痛くなってきます。

でも、やろうとしていることが「フェアかどうか」は、誰でも決められるはずです。

これを判断基準にしておけば、悩むことはありません。たとえ失敗したとしても、「フェアと信じられた」のなら、後悔はぐっと軽くなります。

フェアに生きていれば他人からの信頼も厚くなります。一般社会では、同じぐらいの実績と財産のある人だったら、間違いなくフェアな方が尊敬されます。

逆に言うとフェアでない金持ちは、軽蔑されます。多少の失敗を犯した人でも、フェアな判断のできた人は信頼を失いません。経済界や芸能界、政治家を見てもわかりますね。倫理的な問題など一部では非難されたとしても、その人自身の言動が毅然と、フェアな判断に基づいているなら、時が過ぎてから必ず復活しています。しかし誰かを裏切ったり騙したり、アンフェアな方法で地位を落とした人は、ほぼ再浮上できません。

自分にも、他人にも常にフェアであること。

フェアでいることを心がければ、「スジの通った人」になれます。

スジの通った人が、評価を伸ばし、信用を集め、財を築いていきます。

それが資本主義社会の仕組みのなかで起きる〝自然現象〟です。

目の前の仕事に意識を集中させる

フランクリンには、こんなエピソードもあります。

彼は18歳でロンドンに渡りました。印刷業を興すために、機材を買いつけるのが目的でした。買いつけは、すぐ済む予定です。フランクリンと親しかったペンシルベニア州知事が、ロンドンにいる知り合いに推薦状を書いてくれていることになっていました。ところがロンドンに着くと、州知事は推薦状など、まったく書いてくれていなかったのです。18歳の少年は、右も左もわからぬ異国の地に放り出されてしまいました。

ここで落ちこまなかったのが、フランクリンです。

少しだけ習得していた印刷の技術をもとに、仕事を自力で探し出し、印刷工として働き始めました。労働時間は長く、極貧の厳しい生活でしたが、勤勉さと腕の良さで、雇用主に気に入られました。ほどなく職場の重要な仕事は、彼がほとんど任されるようになり、賃金もみるみる上がりました。下手をすれば浮浪児としてロンドンをさまよう事態になりかねなかったのに、わずか数年でアメリカへの船賃を稼ぎ、帰国していったのです。

このエピソードから読み取れるのは、与えられた仕事をクリアすることの大切さです。

職場の環境や賃金額など、誰だって不満はあります。けれど言い出したら、キリがない。不満を述べたところで、マイナス要素は一掃されません。

まずは目の前の仕事に、意識を集中させること。

事態を変えるには、まず自力で変えられるものに、力を注ぐ。

これは、仕事のスジづくりの基本中の基本です。

職場でのスジのズレの多くは、変えられないものを変えようとする、無理な動作から生じます。文句ばかりつけるとか、自分の仕事をおざなりにして別の用事を優先させてしまうのは、それこそスジ違い。スジの修正は、やるべきことを片づけてからです。

不平不満を理由に仕事が遅い人を、上司や周りが評価するわけがありません。フランクリンの他にも目の前の仕事に集中することで、事態を好転させていった成功者の話は、たびたび聞きます。

有名な話ですがブックオフの橋本真由美社長や、モスバーガーの櫻田厚社長、吉野屋の河村泰貴社長などは、アルバイトからキャリアをスタートさせました。バイト時代から、誰も敵わないほど熱心に働いていて、どんな雑用仕事も不平不満ひとつ言わなかったそうです。

もし、自分がこうしたいという環境があるなら、その通りに事態を整えていくため、まず変えられるところから変えていくこと。

目の前の仕事を、つべこべ言わずにやることが、重要と言えます。

誤解してはいけませんが、後々の成功のため、いまを自己犠牲するという風にとらえてはいけません。

「こいつは仕事のできる人だ」という評価をきちんとつくれば、必ず「次は好きなことをやらせてみよう」という意見が、組織のなかで上がってきます。

やりたいことをやるために、やるべきことをやる。

そうすれば、スジがスムーズに通ります。

フランクリンについて紹介した内容は、齋藤孝『筋を通せば道は開ける　フランクリンに学ぶ人生の習慣』（PHP新書）、『フランクリン自伝』（岩波文庫）、マックス・ヴェーバー『プロテスタンティズムの倫理と資本主義の精神』（岩波文庫）などに詳しいです。

古典の力も援用する意味で、齋藤孝『古典が最強のビジネスエリートをつくる』（毎日新聞社）、小宮一慶『松下幸之助　パワーワード』（主婦の友社）もお薦めします。

優れた古典を読むことで、スジの正しい通し方を学べます。

しかし、知識があっても、どうにもならない場面があります。

違えたスジを強引に通そうとして、スジのこじれが複雑にからまり、泥沼化してしまう。

世の中ではそんな事態も、たびたび生じます。

次の章では、世間によく知られた有名なトラブルを検証しましょう。

第2章 ノーベル賞での〝もめごと〟から考えるスジのメカニズム

ノーベル賞受賞者の対照的な感情

2014年1月、日本人の工学博士3人が、ノーベル物理学賞を受賞しました。そのひとりは中村修二さんです。

中村さんは当時、カリフォルニア州サンタバーバラ校（UCSB）材料物性工学部の教授でした。同時に受賞した名城大学大学院理工学研究科終身教授の赤﨑勇さん、名古屋大学大学院工学研究科教授の天野浩さんと並び、「青色発光ダイオード＝LEDの発明と実用化」の研究で、顕彰されました。

青色LEDの誕生により、白色LEDの照明が完成。LEDライトは、電気から光への変換効率が白熱灯よりもはるかに高く、消費電力は大幅に減ります。また発熱しないため材料の劣化が抑えられ、寿命がとても長い。地球温暖化やエネルギーの節約など、エコ問題の解決に寄与することが大いに期待されている、夢の発明なのです。

3人の日本人科学者は、たちまち時の人となりました。

受賞会見にはマスコミが押しかけました。赤﨑さんと天野さんは名古屋大学での師弟関係にあり、ふたり並んだ和やかな共同会見が行われました。恩師と愛弟子が互いを讃え、関係者や家族に、にこやかに礼を述べられました。研究者としての感謝と、謙虚に満ちた、いかにも日本人好みのほのぼのした会見でした。

一方、中村さんの会見はやや異様でした。

日本ではなく、カリフォルニア大学サンタバーバラ校のキャンパスで受賞の記者会見が行われました。ちなみに中村さんはアメリカ国籍を取得しています。なので厳密には、この年のノーベル物理学賞受賞者は日本人がふたり、アメリカ人がひとりです。

ネクタイをしないワイシャツに、黒のスーツ姿で壇上に立った中村さんは、受賞の喜びで笑顔ではありましたが、目元は強ばっているようでした。

アメリカのメディアから「研究を続ける原動力は何か？」と質問されました。

中村さんは、表情を固くして、はっきりと答えました。

「アンガー（怒り）が私の原動力です。今でもときどき怒って、力を奮い立たせています」

この言葉には会見会場がざわつきました。

世界最高の名誉といえる賞を受けた後の晴れやかな場で、「怒り」というネガティブな意味合いの表現を使った受賞者は、過去にいなかったでしょう。一部には、ノーベル賞にふさわしくない礼節を欠いた発言だとする批判もありました。

見ている側をホッとさせる、ごく平均的なお祝い感に満ちた、赤﨑さんと天野さんの会見の空気とは、まったく対照的でした。

けれど中村さんが「怒り」を、わざわざノーベル賞の受賞会見で述べるのは、もっともでもあります。それほどに彼は、怒っていたのです。

かつて中村さんは、青色ＬＥＤを製造した日本企業、日亜化学のサラリーマンでした。そして受賞時は、日亜化学とは泥沼の関係。法廷を巻きこんだ確執を、引きずったままだったのです。

彼が何について怒っていたのか。

そして怒りの原因となったであろう、スジのトラブルを解いてみましょう。

日本人研究者が会社に求めた対価

中村さんは日亜化学で青色ＬＥＤを開発した後、会社を辞めました。２０００年からはアメリカに移住、カリフォルニア大学で教鞭を執りながら、新たな半導体など科学分野の最先端の研究を続けています。

しかし渡米してほどなく、日亜化学が「機密保持契約書にサインしろ」と迫ってきました。中村さんが在職中に手がけた技術や、会社で知り得たすべての情報を漏らしてはいけない、一定期間は特定の研究をしてはならない、論文発表や特許を取ってはいけないなど、かなり横暴な内容だったそうです。事実上、研究者活動を停止しなさいという命令でした。

もちろん中村さんは了承しません。アメリカの企業も、退社した開発分野の社員には似たような文書を送るそうですが、OKしないのが常識だといいます。中村さんは大学に対応を任せて、ほとんど無視していました。

すると日亜化学は２０００年10月、中村さん個人を、アメリカの法律で訴えてきました。中村さんがサイエンティフィック・アドバイザーをしていたクリー社とノースカロライナ州立大学（ＮＣＳＵ）を提訴、そして中村さんを製造技術に関するトレードシークレット（企業機密）漏洩の容疑で、ノースカロライナ州東部連邦地方裁判所に訴えました。しかし企業秘密漏洩が認められ、もし日亜化学が勝ったとしても、認められるのは中村さんの研究を止めることだけでした。そうまでして日亜化学は中村さんの仕事を邪魔したかったのです。

なぜ中村さんと日亜化学の関係が、それほどに悪化したのかは後に述べますが、ともかくこのやり方に、中村さんは「キレ」てしまいました。

中村さんは自著などで語られています。学生時代から、事あるごとに、キレる性格だったようです。

トラブルに際して穏便に、引いてはなだめて丸くおさめる、日本人の手練手管は、まったく使いません。売られたケンカは倍以上にして返す、というキレ方で対抗します。

既知の弁護士の助言を受け、今度は中村さんが日亜化学を相手取り、東京地方裁判所に訴えました。特許法第35条を掲げ、青色ＬＥＤほか会社員時代に開発した特許の相当対価として20億円の支払い、そして特許権の帰属を求めました。

やがて請求金額は段階的に増額され、最終的には２００億円になりました。元サラリーマン研究者が会社を相手どって、２００億円を請求するという、日本ではほとんど例のない裁判は、社会的ニュースになりました。

日亜化学は中村さんが開発した特許ライセンスを供与せず、青色ＬＥＤの市場を独占していました。ソニーや松下など世界の半導体メーカーが特許の実施許諾を申し出たのですが、すべて拒んでいます。日亜化学が特権を使い続けることで、産業界全体の発展が滞っているという事態に対する、中村さんの研究者としての義憤もあったのでしょう。

裁判で中村さんが主張する、大きな要件は4つでした。

第一は自分が発明して取得した青色LEDと青色半導体レーザの特許は、日亜化学の開発中止命令に反して取得したもの。よって特許は、中村さん個人に帰属するとしています。

第二は特許法に基づき、職務発明に対する「相当の対価」を求めること。有名なエピソードですが、中村さんが特許ひとつにつき会社から支給された報奨金は、2万円でした。今回の裁判で、中村さんが求めた相当の対価は200億円。大変な高額ということで話題になりましたが、実はそんなに常識外れの要求でもないようです。後の裁判で、日亜化学が特許を独占することで得られている利益は1208億6012万円とされました。特許法を基に計算するなら、中村さんが正当に受け取るべき金額は、604億3006万円になります。法に準じるならば、中村さんは裁判で「安あがり」な請求を、会社に訴えていたことになります。

第三は、受け取る相当の対価を、会社と自分の0対100だと主張しました。中村さんが発明を成功させるまでに日亜化学は資金提供以上のことを何もしていない。日亜化学側の貢献度は発明の通常実施権設定の対価としてすでに支払われている、よって特許によって得られた利益の100%を自分は受け取れるという主張です。

そして第四は、相当の対価を不当に低い金額に設定することは、憲法違反であるということ。特許法によれば、職務発明であっても発明から生まれた特許を出願する権利は、会社ではなく、発明者であるとされています。この売買代金は等価交換でなければならない。つまり特許の発明者本人への売買代金は、日亜化学が他の会社に売る代金と同金額であるべきで、この金額を不当に減額するのは憲法に保障されている法の下の平等を侵していると主張しています。

以上の4つの主張から、中村さんの基本となるスジがうかがえます。

自分でつくったものは、自分のもの。

それで会社が儲かったなら、自分は適正な対価を受け取るべき。

会社の貢献度は、利益によって相殺される。

低い報酬は憲法違反だ。

大きくまとめると、そういうことです。異論はさておき日本社会を支えてきた組織のスジを敢然と否定する、画期的なスジの主張でした。

やがて裁判は、日米両方とも一応は決着します。

2002年11月に、トレードシークレットで訴えられていた事案は、中村さん側の勝訴となりました。

日亜化学との裁判は、おおむね中村さんの主張が認められました。

しかし一部の発明の特許権は中村さんへは譲渡されず、お金に関しては結局、日亜化学が中村さんに約8億円を支払うことで、和解が成立しました。

中村さんの主張は通った形ではありますが、全面的に通ったわけではないので、納得はゆかないでしょう。

中村さんは後に、「日本の司法は腐っている」と怒りをあらわにしています。その怒りはノーベル賞の栄誉に浴しても、おさまらなかったのです。

会社のスジが個人を苦しめたのか

中村さんは自著などで、日亜化学との衝突の過程を、詳しく述べられています。エピソードをピックアップしながら、彼の主張を項目で要約していきましょう。

1．青色LEDと半導体レーザの基本技術はほぼ独力で開発したもので、自分の研究者人生を賭したもの。日亜化学はそれを理解してくれず、結局は何もかもを会社へ置き去りにして、渡米せざるを得なかった。

2．徳島大学工学部電子工学科を卒業。恩師の紹介を経て、日亜化学の創業社長の小川信雄と面談。社長直々の配慮で入社が決まった。

3．日亜化学は、徳島の辺地でつくられた田舎の企業。経営陣や幹部クラスの社員も、小川社長の一族や地元有力者のコネで入社した人間が大半。典型的な上意下達システムで、半導体技術のことを理解している社員は、ほとんどいなかった。

4．会社の命令でガリウム燐の製品化などを手がける。画期的な開発ではあったけれど、見かけの売り上げはゼロ。新技術を開発した特許料を少しもらった程度で、社内での評価は低い。赤字続きで、金食い虫と呼ばれる。そして製品の部門に大手家電メーカーから転職してきた人が入ってきた。自分は平社員のままなのに、彼が主任になってしまった。

5．新製品の開発で赤字を続け、評価は低いまま。気持ちがキレてしまい、退社を決意。しかし辞める前に、自分の好きなことを好きなだけやろうと、社長に直談判をかけて高輝度青色LEDの開発・製品化に着手する。

6．青色LEDの素材に必要と考えられた物質は3つ。炭化ケイ素、セレン化亜鉛、窒化ガリウム。炭化ケイ素での青色LEDは開発されていたが、光は非常に暗い。当時の学会の意見としては、セレン化亜鉛の方が有利だったが、あえて可能性の低い窒化ガリウムでの研究を選ぶ。そして窒化ガリウムの結晶をつくりだすツーフローMOCVD方式を考え出した。
7．つくりだすのが難しく、青色ＬＥＤの素材にはなりそうもない窒化ガリウムの研究を、会社はやめるように指示。しかし研究を続けるうち、窒化ガリウム結晶被膜の精製に成功。そして高輝度で寿命の長い、青色ＬＥＤの光にも応用できた。
8．かつてアメリカの研究者たちに見下げられた怨みがあり、窒化ガリウムの論文は、日本の学術誌ジャパニーズ・ジャーナル・オブ・アプライド・フィジクスに発表しようと考えた。しかし論文審査に、ほとんど落とされる。後に、ある権威の日本人学者の論文を参照していないからだと知る。憤慨して、アメリカの学術誌アプライド・フィジクス・レターズに投稿すると、すんなり掲載された。
9．青色ＬＥＤの開発・製品化で日亜化学は大企業に成長した。一方、窒化物半導体研究所を設立して、自分を初代所長に任命する。新しい電子デバイスの開発を任されるが、部下はひとりもいない。画期的な発明の手柄を独り占めした中村を、有名無実の組織に閉じこめる、会社の制裁としか考えられない。
10．アメリカの学会からオファーを受けて、転職を決意。１９９９年の年末に退社。しかし日亜化学から機密保持契約にサインを強要され、断ると企業秘密漏洩で訴えられる。

他にも研究に関するエピソードは多数ありますが、中村さんの視点から見た「スジの違う」主張は、この10点に要約されます。

読んでいるとたしかに、ひどいものだと感じます。20余年におよぶ、日亜化学からの理不尽な仕打ちに、どれほど怒りを積もらせているか。ノーベル賞の受賞時に「怒り」という言葉を口にしたのも、無理はありません。

しかし、ひとつずつ検証してみると。はたして中村さんのスジは、サラリーマンの世界で正しく通っていたか？　一考が必要です。

断絶を深めていくスジ違いのこじれ

まず1．について。中村さんは「青色LEDと半導体レーザの基本技術はほぼ独力で開発した」と、さまざまな場所で公言されています。果たして本当でしょうか？

たしかに中村さんの著作などを読むと、研究室で専門知識を持つ社員は彼しかいないとされていますが、普通のサイエンス系企業で、「たったひとりに生産ラインに乗せることを前提にした製品の開発の全権を委ねる」ことが、ありえるでしょうか。

詳しい時期は不明ですが、研究室に同僚は、他にも何人かいたようです。その方々はウマが合わなかったり、別の部署に転属されています。中村さん自身が、仕事は一緒にしていたけれど、有能ではなく、無視していた、または研究のプラス材料を生み出さなかったと彼が判断し、「いなかった」ことにした可能性も考えられます。このあたりは日亜化学に確認をとらなければいけないことです。

どの会社にも、チームで業績を上げると「自分だけでやった」と、手柄を独り占めしようとする人がいます。中村さんがそうとは言いませんが、本人が自己申告する「ひとりでやった」というのは、一般的には事実と反することが多いのです。

そして指摘しておかなければいけないことが2点あります。ひとつは、中村さんが「たったひとり」というのは理屈の上で、間違っていること。彼は日亜化学の社員研究者であり、会社の設備を使って、仕事に励んでいます。研究の全権を握られていたかもしれませんが、そこにかかる機材や予算、研究室の維持経費などは、すべて日亜化学から出ています。新しい設備を購入したり、必要な情報をもらえる環境は、中村さん個人にではなく、日亜化学にあったものです。彼が自宅でこつこつ、すべて自腹の資金で、半導体研究を進めていたならスジは通りますが、一企業の構成員の立場で研究のリソースを得ていた人が、「何もかもひとりでやった」というのは、スジが通っていません。

企業の研究室など専門性が求められる部署は、ときに会社とは切り離された、独立解放区のように扱われる場合があります。しかし、会社の一部門として作られた以上、他とは切り離された、本当の独立解放区にはなりえません。必ず、何らかの人員とコスト、そして会社の利益勘定が加わっています。

会社員が自分の仕事を「会社とは関係なくひとりでやっている」と主張するのは、視点が狭いと言わざるをえません。何より中村さんは、リスクを負っていない。個人研究者として、多くの企業から投資を募るなど、リスクを負っていたなら当然の発言ですが、そうではありません。彼の「ひとりでやった」発言と態度は、後々の確執を生んでいく、日亜化学側のいらぬ反発を招いたと予想されます。

もうひとつ、中村さんが青色ＬＥＤと出合うきっかけをつくったのは、日亜化学です。中村さんは大学時代から、青色ＬＥＤを研究対象にしていたのではありません。ガリウム燐の製品化を手がけて以降、日亜化学の仕事として半導体の研究を進め、そのなかで青色ＬＥＤの可能性を見つけ出しました。日亜化学への入社がなければ、中村さんはＬＥＤの研究に出合うことはなかったかもしれないのです。

中村さんがいかに天才だったとしても、日亜化学という環境がなければ、青色ＬＥＤは世に生まれなかった。それは歴とした事実として指摘します。

会社にいる個人の力によって、革命的発明がなされたというスジが通ってしまうと、組織の複合的な努力、ひいては組織の存在理由は全否定されます。中村さんは組織の力を否定されているわけではありませんが、彼の「ほぼ独力で開発した」という主張は、やや行き過ぎではないでしょうか。組織の総合力をもって社会貢献しようという、グループワークの基本理念を根底から崩しかねません。

中村さんの例では、日亜化学側から「青色ＬＥＤは中村さん個人でやった発明なのでわが社は関係ありません」という表明があったなら、スジはきれいに通ります。しかし、そうなってはいません。日亜化学には落ち度が多々見受けられますが、中村さんにも、自己評価の行き過ぎが感じられます。

2．で中村さんは「日亜化学の創業社長の小川信雄と面談。社長直々の配慮で入社が決まった」と言われています。ここで見落とされている情報があります。中村さんは、京セラの内定も受けていました。

中村さんは学生結婚でした。家族のために東京勤務ではなく、地元の徳島での勤務を望み、京セラの内定前後に大学の恩師に、別の会社の紹介を頼んでいます。そこで日亜化学との縁があり、京セラの内定を辞退しました。これは就活生としては、大きなスジ違いです。プライベートの事情を整理しないまま就活に臨み、内定をひとつ反故にしたということ。中村さんが優秀な学生だった証拠でもあるかもしれませんが、京セラの人事担当は、不愉快だったでしょう。このエピソードには、中村さん自身の、自分はどこに行っても通用するという傲慢も少し感じられます。就活の通念的には、かなりスジ違いな判断と言わざるを得ません。

3．では「日亜化学は典型的な上意下達システム」「半導体技術のことを理解している社員は、ほとんどいなかった」と言われています。日亜化学は、創業社長を中心にした同族経営だそうです。同族企業が上意下達システムなのは、珍しくありません。血縁者が社内にいる環境ならではのスジを、いくつも通さないといけないので面倒かもしれませんが、逆に言うならスジを通してしまえばプロジェクトの決断が早い、上意下達システムの利点はあります。中村さんはやや批判的なスタンスのようですが、その利点を活かせば、他の企業よりスムーズに仕事が進められます。そして半導体技術のことを理解している社員はいないとのことですが、前述のとおり、事実がどうかは不明です。当時の日亜化学の内部を知る人に確認してみないと、わかりません。

中村さんの場合、批判することが前提で、会社の良いところをほとんど見ようとしない面があるように感じられます。それもまた社会人としては、スジ違いなことでしょう。

4．では中村さんは「金食い虫」と呼ばれたと告白しています。日亜化学の屋台骨だった蛍光体部門や、古参の社員からはだいぶ皮肉を言われたのだとか。中村さん自身、会社の売り上げに貢献できていない、後ろめたい思いはあったと、ある程度は自覚されていたようです。だから会社を儲けさせるために、売れる製品として、後に青色ＬＥＤの開発に着手するのは、スジが通っています。

一方、転職組の社員が飛び越し昇進したことが気に入らないと述べられています。生え抜きで頑張っている社員としては、腹が立つのはもっともです。しかしこのとき中村さんは「金食い虫」でした。会社の方は、その大手から移ってきた上司に、業績が上向く何らかの役割を期待したのかもしれません。中村さんが充分、会社を儲けさせる社員だったら、そういう人事はなかったかもしれない。いずれにしても、自分の意思ではどうにもならない裁定に、いちいち心を惑わされず、自分のやれることに集中すること。それが会社員のスジだと思います。

もしあなたが中村さんと同じ立場だったら、その移ってきた上司に社外の情報を教えてもらうとか、スキルを利用するとか、プラスになる付き合い方を探るのが、スジの通った対応だと言えます。

5．では「気持ちがキレてしまい、退社を決意」「辞める前に、自分の好きなことを好きなだけやろう」と言われています。このときの中村さんの思考順序は、以下の通りです。

「自分は会社から命令された仕事を頑張ってきた↓それでも貢献できなかったというのは命令に従っていたからではないか↓辞めようというなら、会社に逆らって仕事する挑戦を一度ぐらいはやってみてみよう↓命令を受けない、常識も信じない、自分のしたいことだけをやる↓好きにやってみて会社に貢献できないなら、会社員失格。そこで退社する↓では、したいことは何か？」

という順番を経て、青色LEDの開発に着手されます。いかがでしょう。

いかにもスジが通っているようで、何か大きくずれているように感じられませんでしょうか？　中村さん自身が「キレた」と表現されているように、だいぶスジが荒れています。

そもそも好きにやって失敗したら、さよならというのは、あまりに無責任。決断のなかに私怨がこめられているように感じられるのが、よろしくありません。見返したい欲は、モチベーションを上げるのにはいいものですが、一過性にとどめておくこと。でなければ欲しいだけの見返りを得られないとき、また恨みが塗り重ねられて、ネガティブの悪循環に陥ります。

好きにやって結果的に会社を儲けさせたらOK、ダメなら辞表というのは、あまり質のよくない、悪スジであることを忘れないようにしたいものです。

そして青色LEDの開発を決めたとき、中村さんの上司は「大手企業が何10億もかけてできなかったものが、日亜化学にできるわけない」と、一度はプランを拒みました。しかし中村さんは社長と直接会い、開発の許可をとり、3億円ほどの予算を引き出してきました。武勇伝のようなエピソードですが、やりたいことを通すのに上司をすっ飛ばし、社長に直接アプローチするのは、順序が違います。それぐらい大胆でなければ、革新的な事業は成し遂げられない、という論理は、もちろんあります。結果的に中村さんは成功されるのですから、良かったと言えます。

しかし、中村さんは「キレた」後に、会社組織のなかで、ひどく乱暴なスジを振り回したという事実だけは、しっかり認めておかねばならないでしょう。

退社後に明らかになった中村さんの脇の甘さ

6．では、中村さんは「可能性の低い窒化ガリウムでの研究を選んだ」と言われています。これは彼の革命的な明察のひとつだったでしょう。学会の主流に従って研究に取り組んでいたら、後のノーベル賞もないどころか、日亜化学としても大失敗だったと思います。しかし繰り返すようですが、「結果オーライ」の面があります。青色ＬＥＤの製品化に成功して、世界的な名声を得られたから、讃えられる判断です。

この時点での中村さんの判断は、一か八か。競合のない賭けに乗って、ハイリターンを狙うチャレンジだったと言えます。それは会社員としてのスジにはそぐわない。当たるかどうかわからないが、とりあえずやってみよう。その心がけはいいのですが、もし実践するなら相当な準備と、周りへの説明に努めるべきです。

そして「ツーフローＭＯＣＶＤ方式を考え出した」ことは、中村さんのブレイクスルーのきっかけとなりました。この方式により、窒化ガリウムなど重要な素材がつくりだされ、青色ＬＥＤの製品化は実現しました。中村さんの大きなお手柄のひとつです。

しかしＭＯＣＶＤを学ぶために、中村さんは日亜化学の資金で、フロリダ州立大学工学部に短期留学しています。この期間に得られた知識や、研究の実践により、後にツーフロー方式を考え出します。アメリカ留学していなければ、中村さんは画期的な新方式を生み出せたでしょうか？　徳島に留まっていたら、不可能だったかもしれません。

ここでも中村さんは、日亜化学の社員だったことの恩恵を受けています。博士でもない日本人会社員の中村さんは、アメリカの研究室でひどい差別を受け、苦労されたようですが、それとこれとは別。留学の手はずと資金を調えてくれた会社への礼儀を忘れて、発明への独力突破を主張するのは、どうかという話です。

7．では「青色LEDの素材にはなりそうもない窒化ガリウムの研究を、会社はやめるように指示」したと言います。中村さんは実は、半導体に詳しい社員がほとんどいないのをいいことに、成功の可能性の低い素材を選んだことを、会社には黙って研究を続けていました。これもスジが違いますね。どれだけのお金と手間を、会社は中村さんに費やしたでしょう。たしかに窒化ガリウムの学会での評価をそのまま伝えていたら、会社は研究の中止を指示したと考えられます。しかし、可能性はいまは低いかもしれないけれど、他の企業にはない方法で、必ず製品化を実現させ、利益を得られるというプレゼンを、中村さんはやっておくのがスジでした。

中村さんには「どうせ言ってもわからない」という決めつけが、あったように感じられます。加えてこの当時、社長が創業者次男の2代目に代わり、中村さん自身がその2代目と折り合いが悪かった事情もあったと考えられます。

中村さんの研究は、外部の人間によって明るみとなり、2代目社長から中止命令が出ます。後には、別の研究への切り替えの命令も出ています。しかし中村さんは完全に黙殺。

開発課長経由で降りてきた中止・切り替え命令の文書を、中村さんはそのへんに投げ捨て、研究を続けました。これも武勇伝のように語られるエピソードですが、会社員としてはだいぶ礼儀を欠いています。というか失格です。

会社の命令に背くなら、背くだけの理由を説明して、理解を得なければいけません。中村さんにはその段取りを踏んだ跡がない。文書を投げ捨てた行為にあらわれています。

そして、日亜化学の肩を持つわけではありませんが、命令違反をしても中村さんは異動させられたり、解雇されませんでした。中村さんは会社のなかにひとりかふたりはいる、「放っといて好きなことをやらせるしかない変人」というポジションに、あったのかもしれません。

コンプライアンスにうるさい大企業なら、そういう人物への処分も厳しくなりますが、日亜化学は前述の通り、上意下達システムの同族企業でした。経営陣の人間的な温情と言いますか、「あいつは許してやれ」という見逃しが、社内人事に通用しやすい。中村さんが研究を続けられたのは、彼個人と会社の間に信用があったのではなく、お互いに無視することが許される、特殊な社内環境だったからではないでしょうか。

変な社員がひとりぐらいいても、別に構わない。中村さんが批判的に見ている田舎企業のカラーが、企業の論理に反している中村さんの立場を守り続けた、という入れ子状のスジが見てとれます。

8．では「論文審査に落とされたのは、権威の日本人学者の論文を参照していないからだ」と言われています。これは悔しかったでしょう。しかし、ありがちと言えばありがちなことです。例えば会社で新事業を始めるとき、まったく新しいプランを使うより、少し割高でも重役社員が過去に使ったプランを引用した方が、会議を通りやすい事例はしばしばあります。

いいものは誰にでも認めてもらえる。それも真実ですが、そうでもないのも真実です。正攻法は無理でも、誰々を通せばうまくいく。そのパターンがあちこちに散在するのが、世の中です。

中村さんの場合は、アカデミズムの世界の裏常識の情報が足りていませんでした。会社員の不利な点があらわになったと言えます。

この一件で中村さんは、日本の学会を下に見るようになってしまいますが、それも少しスジが違います。論文を通すのが目的だったのだとしたら、日本人権威の参照が必要だったという情報を、知り得なかった自分のリサーチ力の足りなさを、省みるべきです。

アカデミズムなど特殊な分野で、本当の突破を目指すなら、腐った慣例を嘆くより、まず認められるための戦略を、しっかり練ること。突破を果たしたであろう権威の側の人たちも、かつて乗り越えてきた道だと思います。

あるものに文句を言うのではなく、やれることをやる、それが正しい戦略です。

9．では「部下はひとりもいない研究所に就任させられた」と言います。事実上の左遷ととらえられても無理はないでしょう。中村さんは、発明の手柄を独占したい、会社側の制裁と考えておられるようです。事実だったかもしれませんが、決めつけはいかがなものでしょうか。

この時点で、青色LEDの製品化により、日亜化学は莫大な利益を得ていました。その資本を元手に、中村さんに次の新しい発明を期待したのかもしれません。実際、「ひとりで開発をやった」と言いきる中村さんの、最も動きやすいと思われる、ひとりで何でもやれる新しい環境が与えられたのです。実質はともかく、降格させたわけでもなく、中村さんに役職を与えた日亜化学のスジは、通っています。

中村さんは半導体研究を深めたい気持ちが第一だったようですが、この当時に会社員としては何を欲していたのか、よくわかりません。とにかく左遷させた日亜化学への怒りが、先に立っているように感じられます。

当時の中村さんは40代半ば。会社員として考えるなら、そろそろ後進の指導に本腰を入れて、次の研究者を育てる段階でした。けれど彼は、まだ自分自身を高める気持ちが強かったのだと思います。会社員の大事なスジのひとつです。個人のスキルやリソースを組織全体でシェアする。会社員なら持っておいてほしい貢献心が、中村さんには欠けている印象があります。

というより、興味がなかったのでしょう。自分の研究で、もっと広く、全世界に貢献していくことを視野に入れていたとも言えます。

中村さんは、9．の段階で海外の研究者たちとの交流もさかんになっていました。海の向こうへの興味が膨らみ、気持ちは退社・渡米に傾いていました。

会社員ではなく、ひとりの研究者として、日亜化学を出て行く。それは逆説的な意味で、中村さんが最後に下した、最もスジの通る判断でした。

どのみち中村さんと日亜化学の関係は、破綻していたのです。

「やりたいことをやって結果が出なければ辞める」と決めた中村さんでしたが、「やりたいことをやって結果を出したけど辞める」ことになったのは、とても興味ぶかいことです。

お互いにスジは通っているけれど、通すことを第一義にして、互いの言い分をくみ取ろうとしなかった。スジ違いのこじれが泥沼化するメカニズムが、中村さんと日亜化学の対立に、非常によく表れています。

10．では退社後に「日亜化学から機密保持契約にサインを強要された」「断ると企業秘密漏洩で訴えられる」と言われています。中村さんとしては憤慨すべき事態でしょう。せっかく会社を辞めたのに、しつこく嫌がらせを仕掛けてくる日亜化学への怒りは、相当なものだったと思います。

しかし、完全に円満とは言いがたい形で、会社を辞めた中村さんに、日亜化学が何らかのネガティブな干渉を仕掛けてくることは、予想されたのではないでしょうか。まして中村さんは半導体研究のスキルを持って、海外企業とビジネスをしている立場でした。日亜化学が中村さんに何らかの対抗措置を取ることは、それほどスジ違いとは言えません。

中村さんは、まさか訴訟を起こされるとは考えられなかったでしょう。日亜化学の利益を守るために中村さんは在職時代、開発技術を日亜化学の特許としてがちがちに固めていました。青色LEDをノウハウ出願ではなく特許出願することで法的に保護するよう、社内を説得したのも中村さんでした。中村さんは会社への奉仕のためと考えたのでしょう。しかしそれが後の裁判を複雑にする原因となり、後に「怒り」へ転化するとは、思いもしなかったでしょう。

日亜化学時代、もしきちんと独立した将来を考えられていたら、中村さんは別の措置を取っていたと思われます。結果論に過ぎませんが、中村さんは未来設計について、脇が甘かったと言わざるを得ません。会社員時代に通したスジが、後に本人を苦しめるというのは、何とも苦い思いだったでしょう。

本当に正しい報酬金額を算出する難しさ

渡米後の中村さんは、日亜化学と、もう真っ向から対立できる立場です。メディアを通して、中村さんへの日亜化学の狼藉《ろうぜき》のような仕打ちが報じられのはご存じのことでしょう。

そのなかで、気になる説があります。前述しました、中村さんへの低報酬です。日亜化学が彼に特許料として支払ったのは、たったの2万円。その少なさに多くの人が呆れましたが、本当に他の報酬は、まったくなかったのでしょうか？

中村さんは青色ＬＥＤを発明されるまで年収は４００～５００万円だったと言います。発明後は昇級のスピードが上がり、45歳での退職時には年収は１５００万円でした。徳島の一企業の会社員としては、かなりの破格待遇だったのではないでしょうか。もちろん世界的発明家の労働対価としては安すぎる、という意見は、その通りでしょう。しかし世の中の一般的基準と会社員の基準は、別として考えるべきです。繰り返しますが、中村さんは研究者としてリスクを負わない立場でした。失敗したら会社を辞める。その程度ではリスクとは言えません。

日亜化学のなかにいて、日亜化学のフローを利用して研究・発明を成し遂げた中村さんに、日亜化学は四国レベルで見ても特別な、富裕層クラスの報酬を与えていました。それがスジ違いと言うのなら、スジの通る雇用関係とはどんなものなのでしょうか。

また中村さんは退職金として、日亜化学から6000万円を提示されています。これも40代の自己都合退職の社員に支払う額としては、大変な破格です。しかし日亜化学はその支払い条件として「退社後5年間は窒化ガリウムの研究をしない」誓約書を交わせと強要しました。なので中村さんは退職金を受け取っていません。この点については日亜化学に非があるでしょう。個人の活動を制限する権限は、会社だろうと国家だろうと、どこにもありません。一方で、長年利益を生み出してくれた中村さんに、6000万円という大金を用意するスジは、通したと思います。

中村さんの渡米後のビジネスや功績を見ていけば、6000万円は些細な金額でしょう。

中村さんは、金額がどうこうではなく、日亜化学の「中村つぶし」とも思えるやり方に、異を唱えているのです。

それはそれで、スジの通った怒りではあると思います。しかし「低報酬だった」というのは、やや言い過ぎではないでしょうか?

会社員の基準と、世界的なアカデミズムの基準とは、まったく違います。どちらかの論理で安い、妥当を決めるのは大変、困難です。中村さんはその点を明確にすべく、「相当の対価」を求めて、裁判に臨まれました。

もともと折り合うはずのない両者の言い分を、すり合わせる。ひどくストレスフルな裁判だったと思いますが、結果的には中村さんが勝ち、約8億円を受け取ります。この金額が「相当の対価」にはまったく当たらないと、言えるでしょうか?

中村さんの勝訴は、彼の青色LEDの発明に次ぐ、日本社会のスジに一石を投じた画期的な業績のひとつとして覚えられるでしょう。

その一方、「日本の司法は腐っている」と言い捨てています。判決は中村さんの主張を認めながら、日亜化学の主張にも、かなりの割合で理解を示していました。中村さんはまったく納得できなかったでしょう。しかし裁判の当事者であり社会的知名度のある大人が、下された判決に異を唱え、司法を手ひどく批判する発言をされるのは、いけません。怒りの矛先が、間違っていると言えます。

有能な研究者とは、えてしてそういうものかもしれませんが、中村さんは全体的に何かが少し、ズレているような印象がぬぐえません。

相手を否定することありきの正論と言いましょうか。日亜化学と対立を深めていくなかで、企業体質ひいては日本社会へのストレートな批判と、かなり強引な決めつけが、過ぎるように感じられます。

その最たる例として、彼は日本の教育社会を激しく批判しています。

大学入試がイノベーションの芽を摘んでいる

中村さんは著書のなかで、日本で個性のある人が評価されない原因は、大学入試制度が根元だと述べています。

「大学入試は落とすための試験ですよ。落とすための試験ですから、合格するには競争、人より一問でも多く、くだらんクイズを覚えないといけなくなるんです。大学入試を止めてしまえば、それが全部なくなるんですね。入試がなくなったら日本の問題の大半が解決するんじゃないでしょうか。小学生から高校生というのは、塾なんか行かず、思いっきり遊んだり考えたりする時間なんですよ。入試がなくなれば暗い犯罪もなくなると思いますね。授業だって自由。やりたいと思う授業を受ければいいし、教える側も味気ない入試のための授業をするより、いきいきしてくるでしょう」

「大学入試を偏重する日本の教育は、会社や上司の操り人形のサラリーマンをつくりだし、官僚主義の原因にもなっています。大学入試の問題解決を誰もやらないのは、大学入試をクリアした大人たちが、自分の地位を守るためです。既存のシステムにしがみついていたい老人たちが、改革を阻んでいます。いまの日本をダメにしている元凶です」

など手厳しいです。中村さんは続けます。

「資源のない日本がこれから、1億人以上の国民を養っていけるのでしょうか。欧米のように発明でパテントを取るなど、知恵で稼いでいくしかありません。製造業は努力すればどの国でも可能。いずれ発展途上国も、いまの日本と同じ程度の製造力に達するでしょう。日本の将来は、パテントを取れる理論や基礎技術を生み出せるかどうかにかかっています。こうした発明は、大学入試で勝つ秀才が、いくら集まってもなかなか考えつくことはできません。ある日突然、ひらめきのなかから生まれます」

そのために秀才ばかりもてはやされる大学入試の偏重社会を、変えなければいけないと言うのですね。

中村さんは日本の教育レベルの低さを、嘆いておられるのではありません。一律水準の教育を受けさせるなかで、突出した個性を埋没させてしまい、社会にとって真に有益なイノベーションが生まれるチャンスを摘んでいる、このシステムを変えるべきだということです。

いかがでしょうか。彼の論に、全面的に納得されるでしょうか？

なるほど、と思わせる部分もあります。秀才ばかりの社会がつまらないのはその通りですし、大学入試によって、特異な個性が見逃された教育の一面的な問題は、指摘されるべきかと思います。

しかし、中村さんの主張は、それほど新しいものでもない。いまさらな感は否めませんし、そもそも大学入試が日本社会を悪くした原因というのは、ややおかしな論理です。中村さん自身が有名大学である徳島大学工学部電子工学科に入り、サイエンスの基礎を学んだというのに、飛躍が過ぎるでしょう。

日本の大学入試制度には問題がひとつもない、とは決して言えませんが、優秀な人材を一定の基準でスクリーニングして、教養豊かな人材を育てています。入試で地頭の良い若者を、効率よく振り分けることは、この国の基礎の知性を支える、アカデミズムのレベルキープに貢献していると言えます。

昨今、個性や発想を重視したＡＯ入試で難関大を突破した学生の、学力低下が問題化しています。もちろんＡＯ合格の学生の多くはとても優秀ですが、プレゼン能力やコミュニケーション能力が、特例的に高い若者が評価される傾向があるのも事実です。

若者が個性のアピール力を持つことは、いいことだと思います。しかし基礎の学力とは切り離して考えるべき能力です。

大学入試を経ずに革新的な仕事を残した偉人も少なからずいます。しかし現実として、中村さんのように難関大の入試を突破した人の方が、後にイノベーションを起こせるケースの方が、圧倒的に多いのです。20人を超える日本のノーベル賞受賞者で、この国の大学入試と大学教育を受けなかった人は、ひとりもいません。

また日本の大学教育のいいところは、学部の専門と卒業後の進路すなわち職業が結びついていない柔軟性にあります。文学部を出てシステムエンジニアになってもいいですし、理学部を出て陶芸家になってもいい。また、それが問題なく許容される社会でもあります。

例えば2002年にノーベル化学賞を受けた田中耕一さんは、化学分野の世界的スペシャリストですが、出身は東北大学の工学部です。化学分野の技術研究は、島津製作所に入社された後のこと。行きたい大学に行って、入りたい会社を選べるというのは、日本の就業社会の特性でもあるでしょう。

ちなみに田中さんは中村さんと同じ、会社員時代に発明した技術でノーベル賞を受けました。在籍した島津製作所にはシニアフェローとして残り、会社と良好な関係を保っておられます。中村さんとまったく対照的なのは、興味ぶかいところです。

話を戻します。中村さんの「大学入試がすべて悪い」という論理をそのまま使うなら、日本のサイエンスを支えてきた一流のアカデミシャンの9割以上は、「操り人形のサラリーマンをつくりだす官僚主義の教育の犠牲者」ということになります。

中村さんの発言を、すべて否定はしません。ただ、いい大学に行っても行かなくても、発明家にはなれる。そのぐらいの認識でいいのではないでしょうか。

大学を中心にした日本のアカデミズムの環境で知識を伸ばし、科学者として成長した中村さんが、大学入試が日本社会を悪くした元凶だと断じるのは、いかがなものかと思います。

日本よりアメリカのスジの方が素晴らしい？

中村さんは、日本に愛想をつかしたかのように、アメリカへ飛びます。著書ではその当時の心情を、次のように述べられていますね。

「アメリカの大学へ通い始めて、まず実感させられたのは、日本の大学と雰囲気があまりに違うことです。まず学生たちの勉強量には驚かされました。懸命に好きな科目、研究課題に取り組んでいます。勉強への熱意と、試験や卒業の難しさが、そうさせているのでしょう」

アメリカはよく知られているように、比較的大学に入りやすい社会です。カリフォルニア大学の場合は高校時代に平均点で上位12・5％以内の生徒なら、基本的に誰でも入学資格が与えられるそうです。各州の公立大には、もっと入りやすいところもあるでしょう。

アメリカの大学では、専門分野を一点集中的に学べるシステムが整っています。中村さんは大学時代、法律など一般教養を学ばなくてはいけない日本の大学に、ひどく落胆したそうです。好きなことを、脇目もふらず深めるところに、学問の本質があると考えられているのでしょう。

その点の是非はさておき。中村さんは続けてアメリカの教育の優位点を述べています。

「アメリカと日本では大学生のレベルが違います。教授たちも違うし、取材にやってくるジャーナリストの知識も違う。一般市民においてさえ、科学や技術に対する好奇心と知識量と理解度が圧倒的に違う。好奇心が旺盛なんですよ。だから新しい発見や技術を理解できるし評価もできるわけです。ベンチャー企業への投資が盛んなのも、それが大きな理由のひとつですよ。ベンチャーの新技術への理解度が違うんですから。人生にかける意気込みも、世界観や哲学も違う。同時に、アメリカ人は夢を失わない。そうした違いを生んでいるのは、大学入試ですよ」

ここで中村さんが言いたいのは、若者が好奇心を持つことの意義なのでしょう。

しかし、極論に過ぎます。中村さんの視点は何というか、大学入試が日本人の若者たちのモチベーションと夢を奪い取る、最悪のシステムであると決めつけ、そのための理論武装に執念をかけているように見えます。

大学入試を経ても、夢とモチベーションを持ち続けている日本人は大勢います。もちろん中村さんは、そういう人たちを認めた上で、一般論として主張されたいのでしょうけれど、感情が先に立ちすぎて、スジがねじ曲がっているように感じます。

中村さんは、日本社会には「洗脳教育」がはびこっていると批判します。そして日本は、うまくいっている共産主義国家だという見方です。どのような意見を持つのも自由ですが、アメリカ偏重主義と言いますか、道徳的にスジの通った文脈を、アメリカにしか見出せていないように思えます。

中村さんはもう米国籍なので、立場的に特に矛盾はありません。けれど日本はダメ→アメリカは素晴らしいという論理スジを通すのが、主なる目的となっているように感じられます。

それはきっと、生まれ育った故郷、日本への過剰な愛の裏返しでしょう。

厳しい言葉をあえて使うことで、彼は日本社会の閉塞したシステムの改善を促し、文明国として再び発展していくように願っているのだと思います。

偉大な発明を成し遂げ、海を渡り、祖国に厳しい提言を続ける。

全面的な賛同は得がたいですが、中村さんの生き方は、真面目な愛国者のスジを通した姿でもあるのかもしれません。

スジが切れた最大の原因は「キレた」こと

中村さんの「怒り」を生んだ原因をまとめると、以下の3つとなります。

・自分の業績をもっと評価してほしい
・独立してから日亜化学に仕事を邪魔された
・イノベーションを阻害している日本教育

中村さんの中ではスジが通っていると思いますが、客観的に見た場合、いかがなものでしょう。

中村さんは日亜化学をはじめとする日本の組織・社会のスジを、ほぼ全否定しています。自分に非があったというスタンスは、まったく取られていません。言い換えれば、「自分を認めてくれれば怒らなかった」「トラブルを複雑にしたそっちが悪い」という言い分です。こうなるともう、スジの通った主張というより、恫喝《どうかつ》に等しい。自分は絶対に正しく、全面降伏してくれないと気が済まないという態度は、物事の解決ではなく、不毛な勝負事にならざるをえません。

まして中村さんのように世界的な発信力のある著名人がそうなると、威力は増します。

彼の「怒り」はもっともだと思いますが、ノーベル賞受賞者の発言の暴力性と言いますか、大きな影響力を中村さんは自覚すべきでしょう。

中村さんは会社員時代、組織のスジに対する理解と尊重をもって、仕事をされていました。しかし、ご自身が「キレ」てしまった。そのとき中村さんと会社を均衡化していたスジは、崩壊したのです。

中村さんと日亜化学の間のスジ違いが始まった最大のきっかけは、中村さんが「キレ」たことです。

入社して10年ほどは、会社のスジを尊重されていた中村さんが、「キレて」爆発してしまった。そこから雇用者と被雇用者のバランスが、音を立てるように崩れていったというのが実情でしょう。

日亜化学側は当然として、中村さんにも、関係を悪くしていった原因は、少なからずあると思います。

キレずに我慢すればよかったとは言いません。それこそ、中村さんが矛を収めてしまったら、革命的な発明は成しえなかったでしょう。

彼と日亜化学は、いかなる感情の経路を通っても、破綻するべくして破綻したのかもしれません。しかし中村さんは日本のサラリーマンの恩恵を受けて成功したのに、そのシステムを世界に向けて、クソミソにけなした事実は、明らかにしておきたいです。そこに大きなスジ違いがあります。

日本社会の閉塞性に腹を立て、「ひとりでやる」しかなかった「怒り」を糧に、彼はとてつもないブレイクスルーを果たしました。中村さんが全否定している日本社会のシステムにより、最大限以上の奇跡的なパフォーマンスを発揮できた、皮肉な構図がうかがえます。

フォローするわけではありませんが、中村さんは個人でのイノベーションを起こした、歴史的な研究者です。その業績は永く讃えられるべきだと思います。

しかし、彼を成功のモデルケースとして手放しで褒めるのは、やや早計です。

中村さんは青色ＬＥＤ開発という、文句のない結果を残されたから良かったのですが、結果が出なかった場合、どうだったでしょうか。

たられば論に過ぎませんが、自分のスジを通し続けた果てに、「ひとりでやった」全責任を取らされたことでしょう。ご本人には当然その覚悟はありましたが、身近にいた人は大迷惑だったはずです。

中村さんのやり方は、たしかに利益を生みました。けれど組織の従事者たちのスジを傷つけても通したいという独善的な部分がありました。

周りの反感をかってでも、スタイルを貫く、その姿勢はブレイクスルーを果たした改革者としては格好が良いでしょう。ですが中村さんを排除することなく、遠隔的にサポートすることで彼のチャレンジを応援した、組織に対する配慮は感じられません。

やりたいことをやって結果を出す、そして結果が出なかったときのフォローも準備しておく、それが人間関係のトラブルを回避し、組織の安心を担保する正しいスジなのです。

中村さんの主張には、ひと言でいうなら柔らかさがありません。

日本社会への一方的な悪しきイメージの決めつけは、それこそ新たなイノベーションの可能性の芽を摘んでしまうのではないでしょうか。


中村さんのようになりたいという若者は、会社員にも今後たくさん出てくると思います。

しかし、中村さんのスジの通し方は、彼にだけ通用したもの。成功物語のパターンのひとつに留めておくのがいいでしょう。

あなたの同僚、もしくは部下が仕事に熱心に打ちこみ、「中村さんのような成功を目指している」と言いだしたら、少し注意した方がいいかもしれません。

スジだけは守っていこう、と。

第3章 仕事の現場での〝スジ違い〟──実例と対処法

この章からは普段の職場で起きている、スジ違いのケースを見ていきましょう。

冒頭で述べましたとおり、多くのジャンルのサラリーマンの方々に、お話を聞きました。「仕事中にスジが違うと思ったことはありますか？」と訊くと、まるであふれ出すように話していただけました。サラリーマンは、ほとんど皆さん、幾度となくスジの通らない、不愉快な経験をされているようです。

序章にも述べたような、同僚の遅刻癖やウソの言い訳、ムダなノルマなど、シンプルな事例から、法廷にまでもつれこみそうなややこしいケースまで、色んなパターンのスジのトラブルに直面されています。あなた自身が抱えておられる、スジ違いの場面と重なるケースも、きっとあると思います。

ケースの紹介の後、個別に有効的な対処法も考えてみました。ぜひご参考ください。

1

言わなくてもわかるのが当たり前？

Kさん　総合商社　30代男性

私の部署の部長は（50代）口癖が「言わなくてもわかるだろう」です。

事業計画会議の席で、部下や周りがわかっていることを前提に、説明をよく飛ばします。発注の段取りやオペレーションについて、不明なところがしばしばあり、周りは困惑します。部長は強面なので、若い部下は質問するのに尻込みしています。私は結構、部長に質問をする方ですが、やはり「言わなきゃわからないのか⁉」と怒られて終わることが多いのです。仮に説明をしてもらったとしても、部長の話の要点は、よくわかりません。結局、部長がイライラして「言わなくてもわかるだろ！」でおしまい。

若い社員が、部長のラインのもとで仕事をしたとき、オペレーションの認識不足のため、しばしばミスを犯します。そして部長から怒鳴られる。私から見れば部長がきちんと下の人間に正しい説明をしていないのが原因なので、若い社員が不憫《ふびん》になります。けれど、そういうときは部長が率先してミスの処理に当たり、問題を解決するので、対外的にそれほど問題にはなりません。

会社の中では、うちの部署は「出来の悪い部下たち」と「優秀な部長」のチームという見られ方をしていると思います。しかし部長の伝え方の悪さが（私たちにも能力に未熟な部分はありますが）、部署のパフォーマンスを落としているのは事実です。きちんとした説明をしないで、「暗黙の了解」で物事を進めたい部長のやり方は、会社員としてスジ違いではないでしょうか。

対処法

ストレスのかかる環境ですね。「言わなくてもわかってほしい」は、昭和のサラリーマンがつくりだした考え方でしょう。阿吽《あうん》の呼吸と言いましょうか。高度成長期のサラリーマンは、たくさんの仕事を同時に処理するのに、きちんと話し合っている暇がなかった。「言わずに理解する」ことは、成長効率を上げるために、獲得しなくてはいけなかった技術でしょう。

しかし、「言わなくてもわかってほしい」というのは、いまの社会では甘えです。正しい情報を伝える努力を怠りながら、意識の共有を求めるというのは、ご無体というもの。不明点をできるだけなくし、正しい情報をチーム全体で共有して業務にあたる、サラリーマンのスジを違えています。

Ｋさんのお話をうかがっていると、この部長は、部下のミスのフォローはきちんとされているようですね。おそらく実務の能力は高く、面倒見の良い方ではあるのでしょう。部長の器がないとまでは考えられません。

幸いＫさんは、怒られることはあっても部長に質問できる関係にあるようなので、今後は部長には細かくわかりやすく説明をしてもらうよう、根気強く働きかけてみてはどうでしょうか。

Ｋさんひとりだと難しい場合は、同じような気持ちの同僚や若い社員の力も借りるか、部長と同ランクもしくは上の役職の方にも、協力を仰いでみましょう。

「言わなくてもわかる」ではなく「言わなきゃわかりません！」というスジを、部長との間に通してみてください
部長は会社員としては優秀な方なので、時間はかかるかもしれませんが、「説明は必要だと、言わなくてもわかる」ようになってくれると思います。

いざとなれば「ちゃんと言ってください！」と怒ってみましょう。それも周りに別の社員のいるところで。味方はたくさんいますので、効果的かもしれません。

2

仕事の上でのデリカシーとは?

Oさん　カメラマン　40代男性

グルメ雑誌のカメラマンをしています。少し前に、天ぷら特集が組まれた号で、料理のブツ撮りを担当しました。撮影自体は問題なく済みましたが、発売号を見て驚きました。特集内で紹介した、都内の某有名日本料理店の天ぷらの写真が、表紙に使われていたのです。編集部は許可を取っていましたが、写真は浅めのピントで、黒紙をバックに撮影しました。掲載号の表紙は、白地バックになっています。

もし表紙で使う、それも白バックでレイアウトするなら、それ用の準備をして撮ったのに……と。編集部に聞くと、「白バックにするレイアウトは決まっていた」と言うのですが、それならそうと事前に教えてくれるのが、スジではないでしょうか。

ピントが合ってない、色味のバランスがおかしい写真が表紙になっていると、一般読者の方でも、気づく人は気づくと思います。その天ぷらを出していただいた日本料理店の方はプライベートの知り合いだったので、私の方から詫びを入れました。「まあ、こんなこともありますよね」と、苦笑いしておられました。

写真の上がりを見て、表紙に使うかどうかを決めたのでしょう。また特に読者の方からもクレームは来ていないようですが、写真のプロとしては、写真の扱いに対する編集部のデリカシーのなさには、腹が立っています。

対処法

デリカシーというよりも、姿勢の問題ですね。誌面をどのように読者に届けたいか。この編集部の雑誌づくりの姿勢の悪さが、あらわれています。

ピントが合ってない、また色味の合わないレイアウトを組むのは、料理に対する敬意を欠いています。グルメ雑誌の対応としては、かなり問題だと思います。

まして表紙に使われるのですから、天ぷらを提供いただいた日本料理店にも、Oさん自身の実績にも大きく関わります。このグルメ雑誌の編集部には、写真は単なる雑誌づくりの素材ではなく、たくさんの人の手間や配慮が関わっている、プロの提供物であるという認識が足りないように感じられます。Oさんはその点、編集部と今後しっかり話し合っていく必要があるでしょうし、もし理解が得られそうになければ、取引を止めてしまうのが後々のためかと思います。

一方で、外注のカメラマンが編集方針に口を出すというのは、スジが違います。どの写真に決めるか、どのようにデザインを組むか、最終判断は当然、編集部がすべきです。もちろんその過程での、チェックや確認取りは大事ですが、基本的に「素材をいかに使うかは編集部の裁量に任せる」のが、雑誌づくりの常識です。

今回のケースは、特にクレームがあったわけでなく、大きくはOさんの心の問題のようですので、ここはひとまずスルーして、いまのお仕事に専念されるのも方策かと思います。もしまた、同様の扱いをされたら、そのときは「ちょっといいですか？」と静かに怒りましょう。

3

〝好意〟の範囲はどこまで？

Oさん　カメラマン　40代男性

以前、レストランムックの仕事で中部地方の古民家カフェを取材しました。

その古民家カフェは国道から遠く離れた、隠れ里のような場所にあり、周りには気持ちのいい田園の風景が広がっていました。店主の男性は私と同世代。バイクが好きなど、趣味の合うところが多く、すっかり打ち解けました。

撮影は、楽しく進みました。江戸時代から残っているという、木造りの内装にはとても魅了されました。店の裏手にある、文化財指定候補となっている蔵も撮らせていただきました。

店主の男性は「撮った写真を私にも送ってください」と言われました。快く了承して、後日店主のプライベートのアドレスに、撮影データを送信しました。

レストランムックは無事に発売されました。景色のいい古民家カフェにはその後、問い合わせが相次ぎ、さらに人気店となったようです。

ところが……ムックが発売後に、古民家カフェのサイトを見てみると、私が送信した写真データの一部をそのまま使って、ポストカードを販売しています。

急いで店主の男性に連絡すると、「うちの写真をそのまま使っているのですから、どのように利用してもいいはず」と言われました。いや、それはおかしいですと話しましたが、「ではお金を払えば納得していただけるんでしょうか？」「写真を加工すればＯＫですか」などと返され、絶句しました。

撮影した時は好感の持てる男性だったのですが……残念です。それほどポストカードが売れているとは考えづらいですが、相手は出版界のルールを詳しく理解されない素人なので、どうしたものかと。この程度のことで強い対応に出るのも何ですし、放っておくべきかどうか悩んでいます。

対処法

ひとつ前のケースと同じカメラマンの方のお話です。プロとアマチュアの解釈における、スジ違いの困った事例ですね。

この場合、事態は深刻に見た方がいいでしょう。スジの問題である以上に、古民家カフェの店主の方は重大な著作権法違反を犯しています。

ネットなどにアップされているフリー素材は例外にして、仕事の場で撮られた写真を、撮影者の許可なく（あっても少し問題ですが）転用した商品で利益を得るのは、法に触れています。Kさんは、その点をきちんと店主の男性にお伝えすべきでしょう。

もしもポスカードが無料で配られているものでしたら、Kさんと店主の男性との話し合いにより解決はできると思います。配布を取り止めるか、Kさんのクレジット表記を入れるなどの対処策が取れるでしょう。しかし売買行為が成されている場合は、スジ違いという話ではありません。法的手段を取ってください。

Kさんは写真を撮って生活しているプロのカメラマンです。多少面倒だとしても、ご自分の作品で得られる利益は、ご自分で管理されること。もし古民家カフェの店主の男性がKさんと歩み寄りを一切されないようでしたら、著作権に詳しい法律事務所や弁護士に相談しましょう。

古民家カフェの店主の男性が「うちの写真をそのまま使っているのですから、どのように利用してもいいはず」という乱暴なスジを持ち出すのだとしたら、Kさんは「自分の撮った作品は自分の許可なくして他人の利益には与《くみ》しない」という、プロのスジをしっかり通してください。

ここは堂々と声を荒らげましょう。でないと、Oさんの仕事に傷が付きます。

4

〝関係性〟＝〝しがらみ〟はどこまで許すべき？

Jさん　PR会社　30代男性

わが社で企画した野外イベントの宣伝戦略会議でのこと。自分は前職が映像制作会社だったので、テレビ局の人にパイプがあります。

野外イベントが立ち上がってすぐ、東京の大手キー局T社の営業さんと話し合いました。プランニングは順調に進み、出資も含め、野外イベントはT社に後援してもらえることになりました。この宣伝効果は大きいと、同僚や上司たちも喜びました。

ところが営業部の部長のひとりが、渋い顔をしています。「T社と組むっていうのはヤバいんじゃないのか？」と。

わが社は実は、東北の某地方テレビ局の出資会社です。T社の系列ではありません。親会社のテレビ局とはライバル関係にあたるだろう、T社の助けを借りるのは、道義的にいかがだろうかと営業部の部長は言います。

今回の野外イベントはわが社の単体企画で、親会社のテレビ局はノータッチです。T社の後援には、何も支障はありません。営業部の部長に対しては、何を言ってるんだ？　としか思いませんでしたが、周りからは「それもそうだ」という意見が出始めました。

私は知っています。営業部の部長はT社がこのビジネスに入って、自分がハンドリングできそうにないのが嫌なだけ。そして、私が手柄を立てるのも気に入らないのでしょう。

私は「じゃあ、どこかの大企業からT社と同じ規模の後援を取ってきてくださいよ！」と言いました。すると営業部の部長はじめ、みんなは黙ってしまいました。

いちゃもんをつけるなら代案を出せと。それで出せないなら黙ってしまう。本当に情けないです。

結局、T社と野外イベントは成功させられましたが、モヤモヤした気持ちは残りました。自分も同じ立場ではありますが。

せっかくいい企画でも、親会社のしがらみに引っかかってしまう、サラリーマンの発想が嫌になります。

対処法

サラリーマンの最大のスジのひとつ「しがらみ」が出ました。

これには、組織の従事経験者なら誰もが悩まされます。何かというと、仕事上のブレーキになる。けれど、しがらみのない仕事は、残念ながらどこにもありません。

Jさんの憤りはよくわかりますが、営業部の部長の方の意見は、しがらみの見地からすると、残念ながら否定できるものではないでしょう。

たしかにJさんは、大手メディアの後援を取りつけるというファインプレーをされましたが、野外イベントはJさん個人で進められる事業ではありません。会社の名前でバジェットの大きな事業を進めていく以上、親会社や系列部署に細かい配慮をしていくのは、会社全体のルールです。

営業部の部長の方は、事業が走り出す前の最低限のリスクヘッジとして、意見を述べられたのだと解釈できます。このケースの場合、事業が走り出してから、親会社から待ったがかかる可能性は、ゼロとは言えません。スジ道としては何も問題ないのでしょうけれど、どこでスジ違いの事故が起きるかわからないのが、ビジネスの難しいところです。

Jさんの言われる通り、部長の個人的な反感も加わっているのかもしれません。しかし実利的にはJさんに分があるので、余裕で構えておけばいいのではないでしょうか。実際に野外イベントは成功したのですから。

スジの観点ではJさんも部長も、間違ってはいません。そして、T社と組むという結論は決まっている。ならば、ここは存分に互いのスジをぶつけ合っていい場面だと思います。

存分にケンカしてください。考え方の違いを互いに把握して、チームのパフォーマンスに活かせるチャンスだと考えましょう。

5

上司の〝えこひいき〟が許せない

Nさん　販売代理店　40代女性

いまの会社には10年勤めています。ずっと事務職です。基本的に仕事の内容には不満はないのですが、50代の男性上司の、若い女子社員へのえこひいきが堪りません。

うちの部署には過去、20代の若手女子社員が3人、配属されてきました。上司はいずれも下の名前を「ちゃん」づけで呼びます。居眠りしても、ミスがあっても注意しません。彼女たちは正直、能力的には全然未熟で、私がフォローしてあげないと何もできませんでした。部署みんなの迷惑になるので、自分が頑張って教育係の役目をかって出ていましたが、「どうして私が？」と、ずっと納得できませんでした。

さらに困るのが、上司は「若手に別の仕事も覚えさせたい」と、私と彼女たちとの仕事の割り振りを、気まぐれに変えてしまうのです。私がそのたびになぜですか？　と聞くと、「若手が育った方が君も助かるだろう」と訳のわからないことを言います。

こちらは引き継ぎの処理で忙しくなるし、私の仕事を割り振られた女の子の方はうまくこなせないで、部署全体が渋滞するし……で、大迷惑です。

上司は意に介さずというか、「まあ若いから仕方ない」と女子社員を大目に見ています。そのぶんこっちが大変なのに。

結局うちの部署に来た若い女子は3人とも、辞めてしまいました。

部長は仕事自体はよくできる人ですが、人を教育する、育てるリーダーには向いてません。社員を甘やかせて、戦力を減らすのは、すごくスジ違いだと思います。

いまでは若い女子社員がいつ配属されてくるか、びくびくしています。

対処法

典型的な、「ダメな上司に困らされる」ケースです。

若い女子には目じりが下がり、厳しくできない中年社員は、どこの会社にもいるものですね。Nさんは「若い女性が好きなら別に結構ですが、そういう感情は外で使ってほしい」とも言われました。まったく仰るとおりです。

直属の上司に、一人前の社員として見てもらえず、不相応な仕事を割り振られ、能力を発揮できないまま会社を去った、3人の女性社員にはやや同情も感じます。しかし退社の理由は他にもあるはず。もともと向かない仕事だったのでしょう。

Jさんはとても真面目な女性とお見受けしました。一方で、会社員の正義感をふりかざし、部長のだらしなさを糾弾したいというわけでもなさそうです。最低限、上司の役割をまともにやってほしい、それだけではないでしょうか。

このケースの部長は、部下の教育は自分がやるべきである、というリーダーのスジを理解されていないのかもしれませんね。部長の地位にあるのですから、会社員の能力は高いと思われますが、人を育てる適性は低いと考えられます。

Jさんのほか周りの社員が、部長をしっかりサポートされているのなら、それほど問題はないかもしれませんが、同じ不満をみんなが持っているのだとしたら、改善しないといけません。

まずは部署の親しい同僚に、「部長の女子への甘やかしに困っている」と相談してはどうでしょう。

まったく同意の方がいれば、味方になってもらう。意見を束ねて、部長に直接言えればいいのですが、難しければ共闘して、「自分たちは若い女子社員が来ても、自分たちの仕事に集中します」「教育は部長のお役目です」と、毅然と表明しましょう。

せっかく若い戦力が入っても、Jさん自身がストレスになってはダメですよね。おそらく10年間、我慢しているだけで具体的な対策は取られていなかったのではないでしょうか。

部長には部長の役目があり、Ｊさんは Ｊさんの役目があります。それぞれがストレスなく機能して、会社はまとまっていくのです。

これからは役目をきちんと割り振る努力をしてみてください。

その努力も面倒くさい……となったら、見切り時です。思いきって転職活動しましょう。

6

どこまでが〝会社〟＝〝仕事〟なの？

Fさん　投資会社　30代男性

外資系のサラリーマンです。新卒で入って10年近くは、アメリカの本社に勤めていました。昨年、帰国して日本の本社勤務になりました。

向こうでは日本人の同僚もいたので、それほど違和感なく入っていけると思っていましたが、日本式の〝カイシャ〟の常識には、驚くことばかりでした。

重役が出社する車は、若手社員がエントランスに並んでお出迎えする。ゴルフでは上司のスイング直後に「ナイスショット！」と叫ばないとダメ。社内研修の打ち上げでは出身大学の派閥同士で固まって、肩を組んで校歌を合唱する……本当にここは近代国家なのか？　と面食らいました。

職場内は論理的な思考よりも、同調圧力が、かなり重視されるように感じます。

それでも否定はできません。アーミーのように、規律でまとまった組織の強みが、日本の企業にはあります。極端な個人の能力主義のアメリカより、チームとしての成果を出しやすい面はあるでしょう。

しかし先日、どうしても解せない出来事がありました。

部長の家で、社員同士のホームパーティが開催されました。社員はそれぞれ自分の家族を連れて来て、アメリカ人社員のファミリーも、招待されています。パーティの途中、奥さんと息子さんを連れてきていたマネージャーのGさんの話になりました。詳細はよく知りませんが、Gさんはある投資取引でミスしたそうです。そのミスはリカバリーできたので、大きな問題にはなっていませんが、部長以下社員たちは「しっかり詫びてもらわないとな！」とGさんに詰め寄ります。そしてGさんは宴の真ん中に出されて、パーティグッズの「ミスしてごめんなさい」のプラカードを持たされました。そして「謝れ！」と言われ、「ごめんなさーい！」と土下座したのです。そこで日本人社員全員から、ドッと笑いが起きました。

その土下座を社員たちはパシャパシャと写真に撮り、Ｆａｃｅｂｏｏｋに上げまくっています。僕は絶句して、固まっていました。何が面白いんだ？　と。

見ると、アメリカ人の社員も眉を寄せています。僕にそっと「おい、これ何が面白いんだ？」と訊いてきました。僕は言いつくろうように、「ジョークだと思うよ」と答えましたが、「これが日本ではジョークなの？」と、困惑していました。

驚いたのはGさん本人が、へらへら笑っていること。つくり笑いかもしれませんが……

奥さんと息子さんはその様子を全部、見ていました。すごく複雑な顔をしていました。家族の大黒柱が、会社の仲間たちに笑い者にされて、どんな思いだったでしょう。

百歩譲って、Gさんに謝らせるのが目的なら、奥さんと息子さんのいないところでやるのがスジじゃないかと。

それに本人の許可なく、Ｆａｃｅｂｏｏｋに写真を上げるのも大問題だと思います。

アメリカだったら名誉毀損で、裁判沙汰になります。ここは日本だと言われたら、それまでなのですが……。

対処法

極めて日本的な光景と、極めてアメリカ的な視点が混ざり合った、貴重なケースです。

Ｆさんへの取材では、アメリカでのさまざまなスジ違いの事例を聞かせていただきました。日本人の感性には、あてはまらないケースが多く、興味ぶかかったです。日本のサラリーマン社会とのリンクは薄いため、大部分は割愛しますが、本書とはまた別の機会に、紹介できたらと思います。

Ｆさんの経験から見ると、アメリカ人のスジに該当するものは「正義」だと言います。

具体的には、法を犯さない、嘘をつかない、悪を許さないということ。逆に言うなら、正義さえ通っていれば、だいたいのことは許され、何かしら犠牲を出しても讃えられる場合が多いそうです。多くの民族を統《す》べている、自由の国ならではの考え方だと思います。

そのアメリカ人にとって「家族に恥をかかせる」のは、ひどく正義を損ねた行為だそうです。彼らは、おしなべて家族至上主義。ホームパーティでのGさんいじりは、とんでもない侮辱行為に見えたことでしょう。

失敗した社員を笑っていじるのは、日本人の感性では、理解できないわけではありません。日本のコミュニケーションの特色と言えば特色。しかしGさんの家族の前で恥をかかせるのはアメリカ人ならずとも、節度のある大人社会の行為とは考えられません。

Fさんは、日本人から見ても行き過ぎの行為だということを、まずアメリカ人の社員の方に説明しておいてほしいです。

どの国にも理解しがたい習慣や感性は存在しますが、家族に不快な思いを強いるのは、万国共通で許されるものではありません。

ちなみにGさんが今回されたことに納得しているなら、それはそれで結構ですが、Facebookに土下座写真がアップされたのは、時勢的に大きな問題です。何かしら不満があるなら、上げた人にきちんと削除を申請するか、せめて公開範囲を限ってもらうようにしないといけません。

一方にとっては、楽しい笑いの一光景でも、他方では大変、不愉快な虐待行為。このスジ違いは社会に頻出します。

両者の常識がからむため、全面的な解消は難しいですが、傷つく人が確実に生じるときは、その場面ごと、解消に努めましょう。

それぐらいの努力ができないようでは、成熟した社会人の資格はありません。

7

クレームはどう伝えるのがスジ？

Gさん　証券会社　30代男性

私の職場には、アメリカ人の同僚がふたりいました。KとBです。ふたりとも日本に来て間がなく、それほど日本語が得意ではありません。けれど気さくないいヤツらなので、日本人社員とは、うまく仕事しています。こみいった話などは、僕が通訳してあげていました。

ある朝のこと。出社してきたKが、いつもは陽気なのに元気がない。どうしたの？　と聞くと、「僕が泥棒だと疑われているようだ」と言います。

私の部署が入っているフロアにはキッチンがあり、レンジや冷蔵庫などの備品が置いてあります。それらは各部署ごとに支給されたもので、他の部署の社員が勝手に使ってはいけないことになっています。

コーヒーメーカーは、隣の部署の持ち物でした。そこに英語で「これは○○チームのものなので他の部署の人は使わないでください」と書いてありました。

うちのフロアに外国人は、KとBしかいません。Bはコーヒーをまったく飲まないので事実上、Kにピンポイントに向けられた警告でした。

Kは「僕は使ってないのに……名指しはされてないけど、きっと僕のことだよね」と落ちこんでいます。わざわざ英語で書いて貼るなんて。Kだと決めつけるやり方。これには僕も頭にきた。張り紙をしたヤツを探し出しました。

貼り主は、○○チームのおばちゃん社員でした。おばちゃんは「先週、外国人がコーヒーメーカーを使ってるのを見た」と言います。姿を聞くと、全然Kではありません。おそらく別階の社員か、出入りしていた来客でしょう。

「Kさんとは決めつけてない。外国人にわかるように英語で書いただけです」とか言うんだけど、だったら日本語で書けよ！　フロアにいるみんな、この張り紙を見たらKへの文句だと思いこむじゃないか！　と怒りまくりました。

おばちゃんはKとは付き合いがないとはいえ、ちょっと想像を働かせれば外国人の同僚に、ものすごい失礼な行為だと、わかりそうなものなのに。僕が怒るのは、間違ってますか？

対処法

このあとGさんはKさんに、悪意があったわけではないとフォローされたそうですが、「だいたいコーヒーメーカーを他の部署の誰かに使われるがイヤなら、見たときに本人に直接言えよ」、憤慨されていました。

Gさんが怒るのは、間違っていません。そもそもこの場合、張り紙は日本語で書くのがスジです。それなら部署の皆さん全体に、張り紙をした意図も正しく伝わったはず。犯人を絞ったような警告を、衆目にさらすのは、日本社会のいじめの構図を見るようで、不愉快ですね。

Kさんは、ひどく傷つかれたでしょう。何歩か譲って、コーヒーメーカーを無断で使用したのがKさんだったとしても、この張り紙のやり方が許されるとは言えません。ひと言、「うちのコーヒーメーカーは使わないでください」と、本人に言えばいいのです。おばちゃん社員の方には、猛省を促したいと思います。

面と向かっては言えないけれど、遠回しに不満は伝えたい。これはいけないですね。手間を惜しんだ苦情は、今回のケースのような、関係者の怒りを招きます。

怒られたくなくてしたことが、余計に相手を怒らせるというパターンです。子どもではないのですから、言いたいことは相手に「伝わるように」きちんと伝えましょう。

「目にしてくれたらいいい」ぐらいの主張は、間違いなく当人は気づきません。伝わらないクレームに手間をかけるほど、バカらしいことはないです。

8

取引先のあるべき態度とは？

Kさん　アパレル　30代女性

都内のセレクトショップに勤めています。アルバイトの試用期間の後に社員になって6年目です。ショップでの接客業務と並行して、昨年から広報も担当しています。外の取引先の方々との仕事は、勉強になります。雑誌やネットには出ていない新商品の流行ラインを教えてくれる、卸業者さんの話は面白いですし、若手デザイナーさんの売り込みの応対なども、楽しいです。

そんななか。小さいことかもしれませんが……取引先の方で、何かをこちらに依頼するとき「～していただかないと」とか、「～されるようにしてください」と、命令口調の人がいます。主に20代の若い女性で、外資系の会社の人が多い印象です。

念を押して頼みたい、ということなのでしょうが、聞くたびいちいちイラッとしています。ちゃんと聞いているし、言われた通りに仕事はするのに、しつこく「～していただかないと」と言われると、「私はあんたの使われスタッフじゃないのよ！」と、キレそうになります。

上司でもお客さんでもない、取引先の人に、上から目線で念押しされるのは、スジ違いだと思いませんか？

対処法

礼儀・作法の問題という気もしますね。口の利き方が気になる場面は本当に多いです。

Kさんの言われる通り、取引先の方は念を押して頼みたいだけなのでしょう。先方に悪気はないと思いますが、それにしても「～していただかないと」という表現は慇懃《いんぎん》無礼が過ぎます。ミスは絶対に許しませんよ、という高圧的な態度もうかがえる。気持ちいいものではありません。

取引先の方は、仕事にプライドを持っておられるのでしょう。だから自然と、言い方がきつくなる。人に対して口の利き方のスジを違えておられるのはたしかですが、きっと仕事そのものは、きっちりこなされるのではないでしょうか。自分にも他人にも厳しい人と、仕事をしているんだと、ポジティブにとらえるのがいいと思います。

取引先の方は同僚でも部下でもないので、あえて指摘することではないでしょう。これからも不愉快が続くようでしたら、逆にKさんの方から、その取引先の方との会話の中で

「～していただかないと」を頻用してみてはどうでしょう。もしかしたら、ご自分の口の利き方のまずさに、ハッと気づかれるかもしれません。

いずれにしても口の利き方は、仕事において、重要です。

悪気なく使っている表現が、相手の怒りをかっている場合は少なくない。もし言い方に迷った時は、相手が言われたらどう感じるか？　自分の身に置き換えてから、言葉を選びましょう。

意外と、ふだん口グセにしている言葉を自分に投げかけると、イラッとすることもありますよ。

どうしてかわからないけど他人を怒らせる。頑張ってるのにいい仕事が回ってこない。そういう人は、「言い方損」をしている可能性があると思います。

9

“過去の経験”はどう活かすべき？

Sさん　宝石商　20代男性

つい最近、同業他社の取締役だったBという50代前半の人が、中途入社してきました。アジアの富裕層のお客さんを狙った新しい事業展開のために、社長が肝いりでヘッドハンティングしてきた人です。

入社早々、彼は私のいる外商部門の部長兼チーフに就きました。商談のスキルは高く、語学も堪能で、さすがだなと思いましたが……彼は事あるごとに「前はこうだったのにな」と、以前の会社と現在の職場を比べます。

比べるのは別にいいのですが、基本的に前の会社の方がランクは上で、いまの会社は下という態度がありありと見えて、こっちは白けます。会議の席で上層部と衝突した時は、「前の会社では通りました！」とか言いだす始末。たしかに彼のいた会社は、わが社より規模が大きく、知名度もありますが、出向してきてもらったわけでもないのに、どうしてそんな態度が取れるのか。正直、何だこのオッサン？　という感じです。

いまは私たちの会社の人間なのだから、私たちのやり方に従ってもらうのがスジだと思うのですが、間違っているでしょうか？

対処法

Sさんは間違っていません。その通りだと思います。

どれほどの実績を積まれた方なのかはわかりませんが、前にいた環境を持ち上げて、いまの環境のルールを守らず、批判的な態度を取るのは、会社員の大きなスジ違いです。中途入社されてきた彼には、ヘッドハンティングされたというプライドもあるのかもしれません。

きっと彼は、転職経験がそんなにないのでしょう。もしかしたら初めての転職だったかもしれません。あえて前の職場との比較を口にするのは、新しい仲間たちを、前の恵まれたステージにまで上げていこうという、自分を鼓舞する方法だとも考えられます。

それにしても配慮の足りなさは否めませんね。どんな思惑があるにしても、同僚のモチベーションを下げてはダメです。同じルールのもとでパフォーマンスする、組織の一員としてのスジを間違えています。

50代前半の彼にしたら一大決心の転職だったはず。気負いや、自己顕示欲は少なからずあるでしょう。いまのところ業務に差し障りはないようですが、今後あまり目につくようでしたら、Sさんほか元からいた会社のメンバーが、「前の会社の話はもうしないでください」と、はっきり指摘してあげるのが正しいスジかと思います。

Sさんが言えなければ、ヘッドハンティングしてきた社長がしなければなりません。いつまでも前の会社のイズムやDNAを持ちこまれては、会社の不利益にもなるでしょう。

Bさんは放っておいて、若手みんなが無視していく方法もありますが、それではただのおじさんイジメです。キャリア的に、彼はもう何年も現場にいないのですから、できればいい思いをさせてあげて、彼の特別なスキルを存分に盗みましょう。

10

仕事外でのミスで態度を変えるのはスジ違いでは？

Dさん　通信業　20代女性

私が配属されている課は、40代の課長以外はみんな女性です。課長はとても面倒見がよく、仕事もできて、ルックスは高橋克典似。そしてバツイチの独身なので、若い女子社員から人気があります。私も上司として尊敬していますし正直、男性として少し意識している部分もあったりしました。

しかし先月、その課長が謹慎処分を受けました。公示された内容は、社内の規律違反。同僚たちの意見をまとめると、違う課の女子にセクハラしたというのです。あくまで噂なので、真偽はわかりません。

でも公示された途端、それまでファンだった女子社員たちが、急に態度を変えたのです。「あの課長だったら、やるかもしれないと思ってた」とか「私もお尻を触られた」など、根も葉もないことを言いだす人もいます。課長のフォローもあって、うまく仕事できた人たちまで悪口を言うようになったのです。

課長は謹慎があけて出社してきたのですが、以前とはうって変わり、女子社員はみんなすごく冷たくなりました。課長は毎日とても居心地が悪そうです。セクハラをしたのかどうかはわかりませんが、以前まではキャーキャー言って課長を慕っていたのに、噂がたった程度でこの対応とは、おかしいのではないでしょうか。

仕事で大きなミスをしたというならともかく、仕事の能力は変わらないし、みんな助けてもらっていたというのに……課の同僚の女子からは、「あなたも課長とは距離をとってよ」と言われます。一緒にしないと、課の中で仲間はずれにされそう。今さらながら、女子って怖いなぁと思います。

対処法

男としては、非常に苦しい環境ですね。セクハラの事実は確認しようもありませんが、課長の針のむしろのような辛さは、伝わってきます。名づけるとすれば、女子特有の「手のひら返し」のスジが、作動したというところでしょうか。

学生時代を思い返しても、女子の結託力は本当に恐ろしいです。私の同級生だったモテている男子が、他校の可愛い女子と付きあいだすと、「うちの学校で彼女をつくらないなんて！」と、女子たちから総スカンをくらってしまったのを思い出します。

また、傍目には仲の良い女子グループでも、内情は複雑で微妙なパワーバランスと腹の探り合いが交錯し、ちょっとでもズレた行動するメンバーがいると、厳しいイジメに遭っていました。

女子グループの繋がりは、ごく小さなきっかけで切れることがあり、好意はすぐ攻撃心へと変わる。これは、男子よりはるかに情緒的で複雑なルールのもとに関係が成り立つ、女子組織の特性のひとつなのでしょう。

Dさんの疑問はもっともですが、課長を擁護するような態度をとるのは、いまは避けた方がよいと思います。課長という、アイドルの凋落をきっかけに、課の女性たちは課長を貶《おとし》めることで、「自分と同じ意識の仲間がいる」という心の安定をはかっているのです。

人気俳優がものすごく年下の若い女性モデルと電撃結婚した直後に、小さなバッシングが起きるのと同じ構造ですね。

課長は優秀な人のようなので、そのうちバッシング禍は過ぎ去り、持ち前の能力でまた女性社員の方々の信頼を取りもどされるでしょう。

本当にセクハラはやっていない、という条件付きですが。

11

会社に持ち込むべきでないものは

Nさん　美容業　30代女性

新卒からいまの会社に勤めて10年ちょっとになります。独身です。いまのところ結婚に興味はないですし、そういうことを詮索する職場でもないので、気楽ではあります。

でもひとつ、気の重いことがあります。

うちの会社は結婚後に、出産を経験した女性社員は、生まれた赤ちゃんを連れて職場に一回、来ないといけないという変なルールがあります。赤ちゃんを抱いた社員は、社内をぐるっと回って、社員みんなから「可愛い！」「おめでとう！」の声を浴びまくります。最後に、社長に挨拶して、ご祝儀をもらって終わるまでが1セット。出産後の女性社員の、暗黙でやらなくちゃいけない、恒例のセレモニーになっています。

私はこのセレモニーが、めちゃくちゃ苦痛なんです……。

まず女子社員は「可愛い！」と声をそろえて言わなくちゃいけない同調圧力。その間、仕事は中断するので本当は迷惑。赤ちゃんを連れているのが、さして親しくない女性社員だったら余計にいらだちます。

参加強制ではないので、セレモニーを無視する社員もいます。独身の40代後半の女性社員とか、おめでたい空気が好きじゃない男性社員とか。そういう人たちと、すすんでお祝いしたい人たちとの温度差というか、微妙な気の遣いあいが渦巻き合って、すごくセレモニーの日は肩が凝ります。

言ってみれば〝マウンティング〟の光景ですよね。本当は子どもが大嫌いな女性もいるだろうし……何でやるんだろう？　と。

でも、このセレモニーをいつか自分がやって、みんなにお祝いしてもらいたい女子社員がいるのも事実です。一概に否定すべきではないかもしれません。だけど仕事の場に、こういうお祝い事のセレモニーを持ちこむのは、スジ違いではないでしょうか。

いつか大声で、「外でやれ！」と言ってやりたいです。

対処法

結構ですね、言ってやりましょう。そんなものは「外でやる」べきです。

しかし実際には、言えないのが辛いところですね。

ご結婚・出産、栄転などで、課の中で何らかのお祝い行事が用意されている職場は、珍しくないと思います。しかしNさんの場合は、珍しいケースです。さまざまな事情で子どもを持てない、結婚もしない社員の方への配慮が、だいぶ足りないのではないかと。とはいえそれが社内の習慣であるというなら、仕方ないかもしれません。

仕事の場に、プライベートの慶事を持ちこむべきではない、というのは立派なスジです。Nさんのように好ましくない思いの人がいるなら、廃止する案もありでしょう。

しかし、喜ばしいことがあった社員をみんなでお祝いして、組織の一体感を高める効果があるのも、たしかです。現に、すすんで参加される方もいるようですし、完全廃止をしてしまうのは、もったいないかもしれません。

まず、この儀式に強制参加はしないというルールだけは守ること。

そのうえで、例えばNさんが出世されて、「赤ちゃん連れで社内を回るのはやめる」「親しい同僚とだけ近くのカフェなどで祝う」など、煩わしさを軽減していくやり方に、変えていくのはどうでしょうか。

ことが慶事だけに、角が立たないよう、お祝いの気持ちは（表面的でも）保ちつつ、気長に対処してみてください。

もしくは赤ちゃんセレモニーのとき、ヘッドホンでガンガン音楽を聴きながら（禁止されていなければ）仕事に集中しているフリして完全無視するとか、わざと仕事の長電話をするとか、「そこには加わりません」姿勢を打ち出せばよいでしょう。Nさんは、こういう行事が好きじゃないという認識が周囲にできれば、しめたものです。

12

LINEを仕事に使う時のスジとは?

Aさん　貿易　30代男性

私の勤め先の社長は創業社長です。大手商社の出身で、業界内ではやり手で名が通っています。社員は20名とそれほど多くはありませんが、エネルギッシュな社長を、みんな尊敬しています。

社長はご自身のビジネスマインドを、社員にしっかり刷りこむ、社内セミナーをたびたび行います。その招集方法が、ちょっとスジ違いだな……と思うのです。

社長のもと、社員は全員LINEグループに入っています。社内セミナーを行う日の告知は、LINEの招待メッセージで知らされます。このレスポンスが遅いと社長は、とても怒るのです。

たまたまスマホを触っているときなら、LINEの通知が来ると気づきますが、忙しい時などはスマホチェックできず、通知を見逃してしまいます。後でポップアップの通知で気づけばいいんですけど、アプリをたくさん入れていたり、通知オンをオフにしていたり、それほどLINEを利用しない人は、けっこうスルーしてしまいます。

社長はまる一日レスポンスが遅い社員がいると「24時間だらけている奴がいる！」と、スクリーンショットをさらし、通知を見逃してしまった人を責めます。「上司の呼びかけに一日応じない社員は失格だ」「査定に響くものと考えなさい」「もうセミナーには来なくていい！」と、厳しく怒ります。

そんなに大事な仕事上での呼びかけだというなら、アプリなんか使わず、各人に電話するとかビジネスメールで一括しておくとか、真っ当な方法はあるんじゃないでしょうか。社長はＬＩＮＥを使いこなせている若さを自慢したいだけなんじゃないかと思うときさえあります。

ある意味、パワハラではないかと……私たち社員は、いつ社長からＬＩＮＥが届くか、ハラハラして過ごしています。

対処法

ＬＩＮＥという、現代ならではのツールを介した事例です。

Aさんの会社の社長は50代後半らしいですが、ＬＩＮＥだけでなくＦａｃｅｂｏｏｋ、Ｔｗｉｔｔｅｒ、インスタグラム、７５５も使われているとか。情報感度の高さがうかがえます。またレスポンスの速さを大事にされているという。昭和の頃は「電話は1コールで取れ」などという大企業のルールがありました。そのスピード感を持ったまま、最新のツールを使いこなされている。こういう方が社長でいらっしゃるなら、Aさんの会社はしばらくは堅調でしょう。

とはいえLINEのレスポンスが遅くて責められるのは、気の毒ですね。機能の性質上、通知を見落としがちになるのは仕方ありません。10代の学生ならともかく、通知があったことに気づくのは寝る前、という社会人も少なくないと思います。

Aさんのおっしゃる通り、大事な通知だというなら電話かメールというのがスジかもしれません。しかし社長は「最もスピーディに多くの社員と意思確認できる」ツールを利用して、仕事の効率をさらに高めていきたいのでしょう。すぐ返事が来なくて、何のためのLINEだという言い分も、あると思います。

いまのところ社員の方々は迷惑に留まっているようですし、きっと便利だと思っている方もいるでしょう。社長にLINEの利用を止めてもらうことは難しいので、Aさんたち社員みなさんが、せめて1時間に1回程度スマホをチェックをする習慣をつけるのが、いいと思います。

個人的な感想ですが。会社のLINEグループに入っていることをわかっていながら、

24時間チェックしないで放置しているというのも、現代のサラリーマンとしては、ちょっと問題ではないかと感じます。その社員の方には、意識の改善を求めたいです。

さておき、可能性は低いと思いますが社長の監視がエスカレートしてくることもあります。そのときは、ＬＩＮＥアドレスが乗っ取られたとか、ＬＩＮＥストーカーに遭っているなどの理由をつくって、ＬＩＮＥを削除してしまいましょう。

そうなると社長は別のＳＮＳツールを使わざるをえなくなります。そのうちＳＮＳの面倒くささに嫌気が差して、普通の電話連絡に戻すかもしれません。

13

社員教育と業務とのあるべきバランスとは？

Jさん　化粧品販売　40代男性

社員50名の中小企業に勤めています。社長の無茶ぶりが厳しくて、社員が困っています。営業目標をありえない数字に設定するとか、そういうことではありません。豊田喜一郎や本田宗一郎など古い時代の企業家に憧れていて、社員の意識向上に熱心すぎるのです。月1回の社内セミナーに、半期に一度の禅寺修養。全社員出席が義務の、社長の訓話会では、10枚以上の感想文を課されます。仕事を抱えながらの10枚は（しかも訓話は同じ話の繰り返し）とてもきついです……。

他にも社長は不定期に、社員に要提出の宿題を出します。自己紹介、販売目標、新企画を作成しなさいと。いろいろ宿題を出されるのは、サラリーマンだからまあ仕方ないのだとしても、その提出期日が厳しすぎるんです。例えば金曜の夕方に宿題が出されて、月曜の11時が締め切りだったりします。基本的に、会社の業務を家に持ち帰ってはいけないので、ほぼムリなスケジュールですよね……。当然、締め切りを守れない人も出てきます。

そういう人を社長は容赦なく「だらけておる！」と叱り、いまの仕事のラインから外したり、謹慎処分を下します。なかには宿題の煩わしさに嫌気がさして、辞めてしまった人もいます。辞めるのは結構ですが、人がいなくなったぶん、宿題をきちんと提出していた私たちに、しわ寄せが来ます。すると、いなくなった人の分までカバーして働かないといけない。

社長の厳しい宿題は、できない社員をふるい落としていく意味もあるのかもしれませんが、できている人たちを結果的に苦しめています。会社経営的には、だいぶスジが違うのではないでしょうか？

対処法

この会社の社長の、社員教育にかける熱心さは評価できます。しかし結果的に、課題をクリアした優秀な人たちを苦しめるのは、よろしくありません。もし辞めた人が、その後キャリアアップを果たしているとしたら、「いなくなった分のフォローし損」という気持ちにもなります。

しかし社長の立場から見れば、意思を共有できない社員を効果的に整理できる、人事術かもしれません。いなくなった人の働き分を、残った優秀な社員たちでカバーできているのだとしたら、人件費が浮くわけで、経営者としてはありがたい。

業績向上という課題と、その前段階の社員の意識向上というものが、経営者の中では一貫性を持っているのに、現場から見るとひどい矛盾ととらえられる、「雇い手」と「働き手」間の、スジ違いの事例として挙げられます。

業務命令意図が伝わっていないがゆえに、それを受けた側がスジ違いと理解してしまう。会社にはよくあるパターンの典型ですね。

Jさんは厳しい宿題以外に、会社にご不満は特にないようです。いまのところ宿題のクリアを続けていくしかありませんが、宿題が原因で会社のパフォーマンスが落ちるようなら、上層部に注進すべきでしょう。売り上げを落としても社員への宿題を優先させたいほど、愚かな社長ではないと思います。きっと改善してくれるはずです。

一方、こういうことも言えます。会社とは、上が下に無茶ぶりしてくるもの。その無茶ぶりを自虐的に楽しんでしまうモードに入ればベストですが。苦しいだけなら、いっそ放り投げましょう。

大丈夫です。叱られても、無茶ぶりに応えないぐらいでは、クビになりません。そのぶん仕事で、取り返せばいいだけのこと。

社長の宿題はこなさないけど、数字は上げてくる、そんな社員を目指してください。

もしかしたら社長は、そういう人の出現を待っているのかもしれません。

14

「公休」のあいまいな定義はアリ？

Kさん　食品業　50代女性

以前から公休扱いの線引きに、納得いかないものがあります。私の会社では、公休として認められるのは休日出勤の代休、病気や事故、災害などです。その内規にはないのに、公休として何となく認められる休みがあります。

例えば、奥さんの出産立ち会いです。それはまあ私も公休でいいとは思うのですが、本人ではなく、ご家族が急病の場合は、絶対に公休が認められません。

以前、後輩の若い男性社員が、お母さんが救急車で運ばれて手術・入院となりました。お母さんは独り身で、その男性社員しか身の回りの面倒を見てあげられる人がいません。彼は会社を休んで、手術に立ち会いました。でもそれは公休にはなりませんでした。「自己都合の休み」です。

ちょうど彼の課が繁忙期だったので、一部の社員からは白い目で見られていました。会議では「親の手術を口実にずる休みしたヤツがいる」と、悪口を言われたり。耐えている彼が、気の毒でした。

出産はOKで家族の急病はNG。こんな公休の線引きは、おかしくないですか？

対処法

なるほど。普通、公休は「やんごとなき理由」で取れることになっていますでも、おめでたい慶事には寛容で、病気やけが人の出るネガティブな出来事にはチェックが厳しくなる。それが日本の会社の通念になっています。

Kさんの言うとおり、赤ちゃんが生まれるのも家族が病気になるのも、同じくその個人の事情。本来は線引きして、扱うものではありません。

しかし「祝いごとは大目に見てやろう」という通念が、間違っているわけではないと思います。曖昧な線引きを一切なくし、後でモヤモヤしたものが残らないよう公休基準を絶対化してしまうのは、避けた方が無難です。

なぜならKさんの疑問をきちんと解消するなら、「何があろうと公休は絶対に認めない」ルールにするしかない。会社としてはその方がありがたいですが、働いている方はどうでしょうか。

スジとしては通っていないかもしれませんが、線引きを明確化してしまうと、息苦しい環境をつくってしまう、そういう場合もあるのです。

Jさんの後輩の男性社員には同情します。ここは社員の誰か、Kさんご本人でも、彼をきちんと擁護して、今後は家族の急病も公休として認められる会社づくりをしてください。

15

社長より先に着くのがいつでもスジなの？

Hさん　輸入業　20代男性

昨年、わが社に福岡支社ができました。その支社はとても成績がよく、社内の環境もいいらしいです。社長も福岡支社を、気に入っています。先ごろ本社社員に、福岡支社を見てもらいたいと、若い社員を中心に視察旅行が計画されました。私も参加したひとりです。視察旅行の当日のこと。私たち本社社員は新幹線で移動しました。しかし社長は、車での移動。到着時間の調整に、不手際があったらしく、社長の方が先に現地に着いてしまいました。

すると社長はたいへん怒りだしました。「社員が先に着いて私を待つのが当然だろう！」と。それはそうなのでしょうけれど、私たちは指定された時間通りに新幹線に乗っただけなので、困惑するしかありません。課長クラスの先輩が社長をなだめてくれるのですが、「お前たちに明太子を食わせるために福岡に呼んだわけじゃない！」と怒りをおさめてくれません。ひととおり支社の視察が終わり、社長をまじえての食事会も、ブスッと不機嫌なまま。地元の高級明太子を出してもらったのに全然、美味しく食べられなかったです。

そして本社に帰って、びっくりしました。視察旅行に行った社員は全員「一週間の謹慎」！　みんな自宅で反省しなさいということです。

到着時間に遅刻したならともかく、社長の方が車で先に着いただけで、どうしてこんなに怒られないといけないんでしょうか。そもそも一緒に新幹線に乗れば良かったのに……。

対処法

「お前たちに明太子を食わせるために福岡に呼んだわけじゃない！」の怒りは、苦笑いしてしまいますね。さっと社長は、待ち合わせ場所に社員が誰も待ってないことに相当がっかりしたのでしょう。笑顔でみんなに出迎えてもらえるのを、ワクワクして楽しみにしていたのかもしれません。

社長のスジは、たしかに間違っています。怒る道理がない。けれど怒ってしまった手前、引っ込みがつかなくなってしまったという可能性も考えられます。

ともあれこのケースでのスジ違いは、社長と本社社員の到着時間を調整した、手配部署の担当者のミスが原因でしょう。そこはしっかりチェックして、再発防止に努めてください。今回は身内だったからいいのですが、社外の重要な取引先の方を待ち合わせ場所で待たせてしまったら、大変です。

Hさんとしては納得がいかないと思いますが、まとまった数の社員を一週間も謹慎して、経営が回っているというのは、かなりの優良企業だと思います。ストックの整った会社に勤めているのだと、前向きに考えてみましょう。

ただ、美味しく明太子を食べられなくなったのは本当にお気の毒。いつかお休みのとき、福岡を訪れて、ぜひ名店の明太子料理を堪能してください。嫌な思い出は、いい記憶に上書きするのが得策ではないかと。

何より、明太子が可哀相です。明太子に罪はありませんから。

16

プライベートはどこまで開示するのがスジ？

Lさん　医療器具メーカー　30代女性

初めての子どもを妊娠して、休暇に入ります。その前日に、部署のみんなに報告しました。「おめでとう！」「よかったね！」とみんな祝福してくれましたが、仲の良かった40代の女性同僚がとても怖い顔で「あなはスジが違うよ」と言われました。

私は妊娠したことを、部署の誰にも知らせていませんでした。だってプライベートなことですし、気づかわれることも嫌だったので……。

その同僚女性はとても仲が良かったんです。ふたりで一緒にランチに行ったり、仕事のグチを聞いてもらったり、私としては頼れる人だと思っていました。妊娠したら真っ先に祝ってもらえると思っていたのに、ショックでした。

彼女が言うには、「プライベートと仕事はまったく別というなら、それはそれでいいよ」「だけど妊娠したことぐらいは言わないと。事前にひと言、伝えてくれるだけで印象が違うよね」「あなたが休暇の間、仕事を周りが引き受けることになるの。そういったことに対する配慮は、なかったの？」と。せっかく子どもを授かったのに、悪いことしてるみたいで、嫌な気にもさせられました。

子どもが出来たんだから、仲間ならサポートしてよ、と思うし、私だってそうするし。彼女が怒っている理由が、いまひとつよくわかりません。

対処法

はい、同僚の方の言う通り。スジを違えているのはLさんです。

今回のケースは、出産適齢期の女性社員のいる職場では、しばしば発生します。Lさんの話によると、「会社には休暇としてきちんと報告しているし、どうして周りにも言わなくちゃいけないの？」ということです。

道理は通っているかもしれませんが、残念ながらスジは通りません。ご本人にその自覚がまったくないようなのが、ちょっと困ります。

どんな事情であれ、会社員が休暇に入ると、自動的にその人の穴埋めを、周りがしていかないといけません。自分がいない場合は必ず誰かの手間を増やす。そういった当たり前の想像力があれば、ひと言いっておくぐらいの配慮は、できたはず。Lさんを叱った年上の彼女の方が正論です。

このたびは飛鳥新社の本をご購入いただきありがとうございます。

今後の出版物の参考にさせていただきますので、以下の質問にお答えください。ご協力よろしくお願いいたします。

■この本を最初に何でお知りになりましたか

1.新聞広告（　　　　　新聞）　2.雑誌広告（誌名　　　　　）
3.新聞・雑誌の紹介記事を読んで（紙・誌名　　　　　）
4.TV・ラジオで　5.書店で実物を見て　6.知人にすすめられて
7.その他（　　　　　）

■この本をお買い求めになった動機は何ですか

1.テーマに興味があったので　2.タイトルに惹かれて
3.装丁・帯に惹かれて　4.著者に惹かれて
5.広告・書評に惹かれて　6.その他（　　　　　）

■本書へのご意見・ご感想をお聞かせください

■いまあなたが興味を持たれているテーマや人物をお教えください

※あなたのご意見・ご感想を新聞・雑誌広告や小社ホームページ上で
1.掲載してもよい　2.掲載しては困る　3.匿名ならよい

郵便はがき

52円切手を
お貼り
ください

101-0003

東京都千代田区一ツ橋2-4-3
光文恒産ビル2F

(株)飛鳥新社　出版部第一編集

『社会人が困った時のためのスジの通し方』
読者カード係行

フリガナ	性別　男・女
ご氏名	年齢　　歳
フリガナ	
ご住所〒	
TEL　（　　）	
ご職業 1.会社員　2.公務員　3.学生　4.自営業　5.教員　6.自由業　7.主婦　8.その他（　　）	
お買い上げのショップ名　所在地	

★ご記入いただいた個人情報は、弊社出版物の資料目的以外で使用することはありません。

妊娠休暇は、女性会社員の当然の権利です。しかし「子どもが出来たんだからサポートしてよ」という態度で、何も知らせないで休みに入るのは、スジが違います。出産を終えて、復職された後も、お子さんの発熱などで、きっと周りの手を借りねばならないこともあります。そのときも、黙って手伝ってくれたらいいという考えでしょうか？

厳しい言い方ですが、赤ちゃんが出来たのはLさん個人の慶事であって、周りの方にはまったく関係ありません。もし復職した後も、周りに通常のサポートをしてほしいなら、もっと気配りが大切ですね。

Lさんのスジ違いを指摘された同僚女性は、とても貴重な存在です。きっとLさんのことを真剣に考えて、あえてストレートに言われたのだと思います。同様の話はたいてい、そういった指摘はなく、復職された後に周りから冷遇されて退職に追いやられるパターンです。

その同僚女性との関係は、これからも大事にすること。そして2人目以降のお子さんの妊娠のときは、早い段階で周りに報告しましょう。

それができないというなら、子育てに専念されるか、退職して独立されるのがLさんのためにも良いでしょう。このケースでのスジ違いにピンとこないのでは、会社員にちょっと向いていません。

17

謝ればすむの？

Cさん　PR会社　40代女性

最近、うちの部署に転属してきたばかりのMという女子に困っています。彼女は30歳になったばかり。これから本当の戦力になってほしい期待の若手ですが、ちょっとやる気が空回っているというか、何を言いつけてもかみ合いません。

例えば、この前。うちの会社は、某自治体の新興ビジネスのPRを請け負いました。最初のプレゼン会議で、データを打ち出した資料を、お客さんの座るテーブルに用意します。私はMに「資料は封筒の外に出して置いておいてね」と言いました。封筒に資料を入れておくと、忙しいお客さんは中を見ずに済ませてしまうことがあります。こちらとしては、少しでも目を通してもらえるチャンスを得るための、ちょっとした工夫のつもりでした。

ところがMは、「はい」と了解したにも関わらず、きっちり人数分の封筒に資料をしまって、用意していたのです。

どうして言ったことができないの？　と問うと、「資料を入れる手間も省くような会社がPRしてると思われたら損ですよ」と言い返します。

何歩か譲ってそうだとして、「はい」という前に言いなさいと。それに一度「はい」と言ったんだから、その指示通りにやるのがスジでしょと叱ると、ムッとして「仕事をする相手への想像力の問題だと思います」と、また言い返してきます。まるでこっちが悪いみたいな……いやいや、封筒から資料を出しておいて読んでいただく工夫も、想像力でしょうと。入れてしまった資料を、また封筒からひとつひとつ出すのも時間を食うだけなので、結局会議はそのまま始めました。

Mはこの手の反抗を、たびたび仕掛けてきます。そのたび指摘すると「すみませんでした！」とキレ気味に謝るので困ります。謝ればOKと考えてるフシもあって……今後どうしたものかなぁ……とため息が出ます。

対処法

ちっとも「すみません」と思っていないのが、わかりますね。腹立ちはごもっともです。

Mさんの場合、ご指摘の通りまず上司の言いつけを守らないというスジ違いをおかしています。相手への想像力を働かせたという言い訳をされていますが、ご自分の能力のアピールしたかっただけの可能性が高い。それはそれで良い結果が出るなら、見逃してあげてもいいでしょうけれど、一事が万事その調子では、上司のCさんもストレスが溜まるでしょうね。

Mさんのようなサラリーマンは、自分が正しいと信じて疑わないタイプなので、ひとつひとつ指導しても、それほど改善は見こめないと思います。Cさんは、彼女の世話を引き受けすぎず、適度な距離を取られるのがよいでしょう。何か大きなトラブルを起こさないよう、しっかり監視しておくか、その強気の性格を活かした仕事を割り振るなど、「Mさんの成長はMさん自身に任せる」立場が最善かと思います。

気になるのは、Mさんがすぐ謝るということですね。若い人に限った話ではありませんが、とりあえず怒られたら謝っておこうというスタンスのサラリーマンは少なくありません。きちんと意見を交換して、仕事の質を高めるより、怒られないことが第一の目的になっている。怒られなければ何してもいい。そういう安易なスジを、正しいと勘違いしている人が、けっこう目に付きます。子どもと一緒ですね。

仕事のスピードを保つため、怒られたらさっさと頭を下げるのは策としては有効ですが、お互いの意思の交換は怠ってはいけません。Mさんの場合、なぜ指示に従わなかったのか自ら説明しただけでも（たとえおかしな論理でも）、これから仲間としてやっていける見こみはあります。

思考のすり合わせを怠っていては、仕事のスジは通りません。とりあえずぶつかってくれる、Mさんは貴重な部下ではないでしょうか。

多少は強めに怒ってもいいと思います。相手は子どもと同じ。育ててやるぐらいの気持ちで接すれば、きっと伸びますし、怒りたいときに怒った方がCさんもストレスは減ります。

18

予約した飲食店の〝ドタキャン〟は単純なスジ違い?

Fさん　飲食業　30代男性

都内でワインバーを経営しています。飲食業の経営者の仲間の間で、最近増えてきた悩みがあります。予約のドタキャンです。

例えば20~30人ほどの団体でのお客さまの予約が入るとします。でも当日、団体の方は来られず、予約されたお客さまに連絡しても繋がらない……後でわかることですが、複数の店に予約していて、値段やらその日の気分で、行く店をお決めになっているようです。キャンセルの連絡はありません。

店側としては予約を入れていただくと、他のお客さまはお断りして、コース料理やらお酒の仕入れを整えています。それらがすべて無駄になり、経営的にも打撃になります。

仲間たちは、「ドタキャンほどスジ違いなことはないよな!」と怒っていますが、私は少し意見が違います。お客さまと店側が、いい関係を築けていたか? と問いたい。ドタキャンをされないような、いい縁を引きよせる努力を、しているか? と思うのです。

厳しい言い方ですが、ドタキャン被害に何度も遭うような店は、電話予約のみで大口の予約を引き受けて、経営をうまく回しているうちに、日々足を運んでいただいている目の前のお客さまへの感謝を忘れていたのかもしれません。

そう言うと、お前の意見は理想論だとか、それとこれとは別問題だと言われます。たしかに理想論で、別問題かもしれませんが、お客さまだけが悪いとしてしまうと、それこそ飲食店を営んでいく大切なスジを、間違えてしまうような気がしています。

対処法

「約束やぶり」のスジ違いの一例ですね。

この話を聞かせていただいたFさんは、とても立派な経営者でした。

ご自身のお店は立地的には不利な場所にありますが、口コミで連日満員。Fさんがカウンターに立たれる日は店の外までお客さんがあふれていました。味はもちろん、人柄でお客さんに支持されているのが、よくわかります。

Fさんの意見は、経営者としては理想論ですし、ドタキャン問題の解決にはならないでしょう。しかし事実として、Fさんは一度もドタキャンをされたことはないそうです。

予約を勝手にキャンセルして一報もないのは、客の側のスジ違い。けれどそういった無礼も引き受けるのが、店を繁盛させるスジであるという、飲食店経営の高度なマネージメントモデルを体現されていると言えます。

Ｆさんは取材中、印象に残る言葉をいくつも言われました。

「お客さまと店は、フィフティ・フィフティの関係であるべき。対等だと思うから、真剣におもてなしの努力をする」

「評価というのは、仕事を認められて初めて受け取るもの。誰かの口コミやら噂で与えられるものではない」

「飲食業は縦も横も、なあなあの関係が多い。仕事として、きちんとしたスジが定着しづらい。人の口に入るものを提供するビジネスなのだから、実際はもっとお互いを厳しく律して、仕事をしなくてはと思う」

「１００％でやらないとダメなところを60％でやって、褒めてもらおうというのはスジ違いだ」

など。飲食店経営のいろんな苦境を、自分の頭で考えて切り抜け、スジを研鑽されてきた豊かな経験値がうかがえました。こういう人が経営者でいれば、店は大丈夫でしょう。

基本的に、「他人のせいにしない」スジが通っている。

それが理想論だとしても、すべてを自分で引き受けるという覚悟ができていれば、たいていのトラブルは何とかできるということです。

19

どこからが〝不義理〟なの？

Dさん　飲食業　50代男性

レストランを経営しています。人の紹介で、4年前に新しいコックを雇いました。Sと言います。仕事はそつなくできる人で、なかなか重宝していました。そのSが40歳を機に、うちを辞めました。理由は「他の仕事をやります」と。であれば仕方ないと、退職金をきちんと払い、送り出しました。

するとSはつい最近、新しいレストランをオープンさせたのです。それも、うちの店から100メートルも離れていない場所。加えて20代のコックをひとり、引き抜いて行きました。これは釈然としません。

Sのやったことは違法行為ではない。うちのレシピを学んで独立するのは、まあ別にしようがないと思いますし、ちゃんと合意が取れているならスタッフの引き抜きもOKです。私も飲食一筋で30年以上、飯を食ってきました。Sのやったことを責める資格がないことはわかります。

けれど、「お近くの場所で独立します」「スタッフが自分と一緒に出て行きます」とひと言、言ってくれるだけで、だいぶスジが通ると思うのです。

人を見る目がなかったと反省するしかありませんね……。そういう不義理が平気でできる人間と4年間、仕事していたと思うと少し悲しくなります。

対処法

Dさんの言われる通り、Sさんのやったことに違法性は何もありません。けれど感情的には納得ゆくものではないですね。

ご友人などには「不義理を働くヤツはもともとそういうヤツだから気にするな」と慰められたりすると思いますが、すぐ近くでその当事者が商売していることになると、気にしないというのは難しいでしょう。

Sさんには、「あなたのしたことは何も違法ではないけれど、スジを間違えていますよ」と伝えてもいいのではないでしょうか。

もう無関係な人ですし、ムッとされても構わないと思います。

もし会いたくもないなら、いまの職場の部下の方々を、きちんと教育していきましょう。

Sさんの不義理を悪い例だと教えられれば、今後は同じような苦い思いをせずに済みます。

今回のケースは、どのサラリーマンの方も、転職の際に参考にしていただきたいです。いろんな決断をして職場を変わるのは、何も問題ありません。しかし元の職場の情報（今回の場合はレシピ）や人材を持って出るのは、どんな理屈があろうと、何らかのスジ違いをおかしているという自覚を持ちましょう。

極端な話、鉛筆1本でさえ、会社のリソースを外に持ち出し、別の環境に活かすことを「全然ＯＫ！」と許せる、元の職場の人はいないと肝に銘じてください。出て行くとき、元の職場にどんな配慮ができるか。大人度が厳しくはかられます。

ちなみにＳさんですが、さまざまなパターンを見てきた経験上、ほぼ確実に同じような方法でスタッフに去られると思います。なぜなら引き抜いたスタッフは、Ｓさんのやり方で育つので、辞め方も一緒になるに決まっています。Ｓさんも覚悟の上だとは思いますが、賢い経営者だとは評価できませんね。

20

店の名を勝手に使うというスジ違い

Zさん　飲食業　40代男性

　フランス料理店を経営しています。俳優さんや著名人の方にご愛顧いただき、名の知られたガイドブックでも紹介していただいて、まずは繁盛しています。

　料理の味や店の雰囲気づくりには自信はありますが、人を使うのは、なかなかうまくいきません。少し前に困らされた従業員の話をします。

　彼は20代後半。Aと言います。海外でレストラン修業経験があるとかで（それも確認はできませんでしたが）お客さんの紹介により、雇った青年です。やる気はあり、てきぱきと動く。それなりに優秀ではありましたが、性格なのか図々しさが目に付きました。

　例えばワインの試飲会でのこと。インポーターさんが気を遣って、店の若いスタッフをひとり連れてきてもいいですよと言ってくれて、私はAを連れて行きました。Aは「勉強させてもらいます」と、礼儀正しくついてきました。

　その後、Aはそのとき名刺交換したインポーターさんと、後で勝手に連絡を取り合い、うちの店の名前を使って、いろいろ試飲会に行くようになっていました。インポーターさんは、少人数限定の試飲会ではない場合なら、若手の勉強もかねて（将来一人前になったらウチをよろしく、という意味もこめて）、たいてい快く受け入れてくれます。だからこそ若手は感謝と謙虚さが必要。けれど、Aは試飲するだけ。きちんとした御礼はなし。しかもAは自分の個人サイトやFacebookで、うちの店の「若手代表」という触れこみで、試飲したワインの格付けを発表していました。

Aの態度に困ったインポーターさんが、私に報告してくれたことで、それらが発覚しました。店のブランドに傷をつけかねない行為なので、私は厳しく、Aを解雇しました。するとAはうちの店の出身者だと名乗り、料理セミナーを始めました。店のブランドのお陰か、割と集客しているようですが、やはりたびたびトラブルを起こしているらしいです。

困るのが、その問い合わせが私の店に来ること。問い合わせがくるたび、いちいち「彼とは無関係」だと説明するのが、面倒で仕方ありません。

Aのような若いヤツに、正しいスジを叩きこむのは本当に難しい……。一方で、あいつぐらい図太くないと、この業界ではやっていけないと考えている自分もいます。

一度は何かの縁で私のところに来たのですから、Aのなりゆきを見守っていくしかないのかなぁと思います。

対処法

「部下がやらかした」パターンのスジ違いの事例です。

厚顔無恥と言いますか、Aさんの厚かましさは、今どき貴重ですね。過剰に空気を読むことに注意をはらい、前に出てこようとしない若い人が多いなか、彼のように押しの強いタイプは珍しい。もしかしたら大物になる可能性も秘めています。

とはいえ最大限、褒めた場合の話。Zさんとしては迷惑でしかない若者でしょう。

Aさんの陥ったスジ違いは、自分の力の過剰評価と思われます。所属している組織のブランドが、そのまま自分の力であると、勘違いしてしまうパターンです。超のつく有名企業の、若い社員にしばしば見られる傾向です。

景気の下落と共に、その手の勘違い社員はだいぶ減りましたが、会社の看板力と自分の能力を同一化して、いろんな不愉快をまき散らす事例は、いまでも無数に聞きます。会社の看板力はこのご時世でも、けっこう通用してしまう現実もあり、Aさんのような若者は減りはしても、絶滅することはないでしょう。

Zさんが最初に失敗したとするなら、Aさんを試飲会に連れて行ったことでしょうね。

きっと店の代表に選ばれたと、Aさんは自己評価を高めたのでしょう。それはそれでいいのですが、後の暴走気味な性格を把握できなかったのは残念でした。

Zさんのように店の経営者は、若い人に経験を積ませるのは大事な仕事です。一方、経験を積めるのはお前自身の力ではなく、店の名前があるからだと、しっかり含んで聞かせるのも大切です。

店の名前を使わずに、自分の名前で外に出られたり、呼んでもらえるようになってからが本物の仕事だと教えられれば、若い人にも正しいスジが育っていくと思います。

Aさんの無礼はいまのところ苦笑いで済んでいるようですが、もし今後、Zさんのお店が実害を被るトラブルが生じた場合は、きちんと法的に対応しましょう。

もし愛情を少しでもかけてあげられるならば。Aさんにはいまのうち、大人のお灸《きゅう》を熱めに、すえてあげてもいいと思います。

21

仕事の現場で、人間関係の情報はどこまで共有しておくべき？

Gさん　編集プロダクション　30代男性

ある旅系ムックの制作のときのことです。この企画を一緒に進めていく、同僚のHもまじえた編集会議で、巻頭の記事を旅専門ライターのQさんに依頼すると決まりました。私がその担当です。

Qさんの連絡先に、私は依頼のメールを送りました。するとQさんから直接、電話がかかってきました。ひどく怒っています。「臆面もなく依頼してくるとは、どういう了見でしょうか」と。何のことやらさっぱりわからず……。

後でわかったことですが。ライターのQさんは、うちのHと過去に、仕事で揉めたらしいのです。そのときHは「あなたには二度と依頼しません」と言い放ったとか。

そんなこと私にはまったく関係ないのに、いきなり怒られても……と戸惑うばかりです。

Qさんの怒りは、スジ違いだなぁと思いますが。そもそも編集会議のとき、Qさんの名前が出たときに、どうしてHは過去に揉めたことを言わなかったのか？

Hの言い分としては「過去のことですから」「Gさんの担当なので、自分が口をはさむのは僭越《せんえつ》かと思って」などと言います。

いやいや、それはおかしいだろう！　と、怒りましたが、Hは何に叱られているのか、まったくわからないようでした。

私の怒りは、お門違いでしょうか？

対処法

少しこみ入ったスジ違いの事例ですね。構図で言うと、Gさんは正しいスジを通しているのに、QさんとHさんとのスジの動作不良に、はからずも巻きこまれてしまったということでしょう。Gさんには同情いたします。

でも気になるのは、Hさんが、そのスジの動作不良を報告していないことですね。Qさんとの関係は、いまさら修復できるものではないと考えられます。ならばQさんと接触する可能性のある、Hさんの同僚間では、「そのスジは断たれている」情報を、共有しておかねばならないでしょう。

想像ですが、GさんとHさんの社内関係は、あまり良くないのでは？

きっとHさんとしては、Gさんが困っても別にいいと判断したのでしょう。それにGさん本人も薄々気づいているから、怒りが膨らんでいるのだと思います。

Gさんには同情を寄せるケースですが、不愉快な思いを蒸し返されたQさんも、謂《い》われのない文句をつけられたHさんも、気の毒と言えば気の毒です。

対処法は、普段から社内での関係を最低限、良好に保つしかないと思います。

社内に不利益の出そうな情報ぐらいは、共有できる関係を維持すること。それもできないほど嫌い（今回のことが決定打で）というなら、これは仕事に支障が出ます。上司を交えて、話し合いをしていくしかないでしょう。

スジをめぐるトラブルは、誰が悪いかを決めても、仕方ありません。

怒りは、ぶつけられるのが可能なら、思いきってぶつけましょう。

大事なのは、仕事をストレスなく潤滑に回していくこと。健全に、情報を共有できる環境づくりに努めてください。

「お前のことは嫌いだが、仕事はうまくやりたいから、ここは助けてやる」ぐらい言えるようになればベスト。嫌いなヤツを利用する能力は、サラリーマンの特技として、育てたいものです。

22

写真を撮ってすますのはスジ違い？

Kさん　デザイン事務所　30代女性

専門学校を出たばかりの女の子を、私のアシスタントにつけました。実作業に関わらせる前に、打ち合わせなど外の人と会う席に連れていって、仕事の段取りを少しずつ覚えてもらっています。

この前のこと。全国公開の映画パンフレットの制作を請けました。初めてのクライアントさんだったので、顔合わせを含め、最初に全体会議をすることになりました。先方の会社に出向き、担当の方や映画会社の方もいらっしゃっていました。こちらは私とアシスタントのふたりです。

スケジュールや原稿の依頼先、ビジュアルの方向性を、ああでもないこうでもないとみんなで話し合い、ホワイトボードに書いていきました。すべての意見がまとまり、内容が決まるまで4時間ぐらいかかってしまいました。私はアシスタントに、ホワイトボードの内容をメモっておくように言いました。

すると彼女は何も言わず、スマホでホワイトボードをカシャッ！　と、撮影したのです。

私だけでなくクライアントさんも映画会社の方も、えっ!? となりました。私は「写真じゃなくて、メモとって」と叱りました。

すると彼女はキョトンとして、「どうしてですか? メモだとミスするかもしれないじゃないですか」と言い返します。これにはもう……呆然としました。

私は周りの皆さんに平謝り。けど、アシスタントの彼女はなぜ私が謝っているのか、まるで理解できないようでした。

4時間も大勢で話し合い、やっとまとまった決定事項を、1秒足らずのスマホ撮影で記録する。それが、大人の仕事の席ではスジ違いなことであると、どうやって教えたらいいのか。悩んでいます。

対処法

これはスジ違いと同様、年少者の「気配り・配慮」についての問題でもありますね。取材中、Kさんと似たケースを、多く聞きました。

いまのスマホネイティブの若いサラリーマン、だいたい1989年以降生まれの方々はメモの代わりに、「パシャッ」と撮ってしまうのが当たり前のようです。大学では、講義の板書の撮影タイムをわざわざ取っている教授も少なくないと言います。

理屈としては、アシスタントの方が通っているようですね。たしかに記録として残しておくのが目的なら、間違いが絶対にない、写真の方が信用できます。しかし、ここで重要なのは、間違いがない記録を残しておくというより、手間暇かけてつくられた物に対する敬意というか、礼の気持ちですね。Kさんは、4時間かけたみんなの努力への想像力を、若いアシスタントに問われているのだと思います。

手間をかけられたものには、同様とは言えないまでも、こちらも手間をかけて接すること。それがスジ違いを起こさない、ささやかだけど大事な気配りであると、根気よく教えてあげてください。

まず写真を撮りたいときはひと言、「撮ってもいいですか？」と断るように。そう指導するだけで、改善の一段階は、はかれると思います。

それさえできない若者は、あまり見込みがありません。

「気配り・配慮」のセンスは、本来は親が身につけさせるもの。改善されない時間があまり長く続くようなら、本人より親御さんに怒りを向け、「この子はそういう風に育ったんだな」と諦めるか、そっと距離を取りましょう。親の役目を、上司がやってあげる義理はありません。

23

スキルとチームプレイのあるべきバランスは？

Gさん　都市銀行　40代男性

以前、新しい投資案件を引き受けました。担当になったのは、メガバンクから中途入社の同年代の同僚でした。結論から言うと、この案件はいろいろトラブルを起こし、結局なくなってしまいました。

同僚のやり方に、少し問題があったのです。詳しい内容は言えませんが、メガバンク時代のやり方を、そのまま押し通してしまった。うちのような都市銀行には、そぐわない強引なやり方でした。

引責ということで、彼は大幅減給など、厳しい処分を受けました。「メガバンク時代のプライドなんか捨ててしまえ！」と上層部に叱られ、ひどく落ちこんでいました。

行内では、彼が悪いという意見が大半。しかし私個人としては歳が近く、また大学も同じなので、できれば味方したいというか、うちの銀行に「スジが違うだろ」と感じる部分もあります。

同僚は、一流のメガバンクのブランドを背負ってきたのだから、銀行員としては優秀な男です。長年トップ業界でやってきた彼のスタイルを、活かしてもらうのがベスト。それを否定して「プライドを捨てろ！」というのは、ひどいんじゃないですか。

投資案件が潰れたのは残念ですが。彼の才能を活かし、いいビジネスに繋げられなかった、うちの銀行にも責任があったんじゃないかと思います。

対処法

そういう見方ができるのは、サラリーマンとして視点が広い証拠。Gさんは新卒で現在お勤めの銀行に入り、いまは10名ほどの部下を抱える管理職にある方です。きっと部下の方々からも信頼されているのでしょう。

問題は同僚の方ですね。たしかにメガバンク時代のノウハウは、とても貴重なものだと思いますが、おそらく実際の現場ではほとんど役に立たなかったと思われます。

銀行に限りませんが、事業のライフサイクルは「スタート期」「成長期」「安定期」「減速〜再展開期」の4つだと言われます。その4つのいずれかの段階によって、社員に求められるスキルや役割は変わります。

現在、大企業の出身者の転職先は、だいたいが中小企業。同じランクの会社に転職できる例は少数です。大企業の40代となると、働き盛り。転職直前は「成長期」か「安定期」しか経験していないと考えられます。しかし受け入れる中小企業側は、「スタート期」か「再展開期」の場合が多い。企業のフェーズが違うところに入ってきたのですから、スジがずれてくるのは当然と言えるかもしれません。

Gさんの「同僚のスタイルを活かすのがスジ」というのもわかりますが、違うスジで仕事を押し通すのは、軋轢《あつれき》を生むだけ。せっかくのメガバンク時代のスキルも死んでしまいます。

プライドがあるのかどうかは不明ですが、同僚の方には、まずゲームは一緒でも違うチームのプレイヤーになったことを、認識してもらうことが大事ですね。銀行の業務は、どこでも一緒というわけではありません。能力が高ければ、通用するとも限らない。元MLBで活躍した選手が日本のプロ野球に来て、必ず大活躍するわけではないように、所属した環境にフィットするスジを、身につけてもらうことが大事です。

せっかくの高いスキルの持ち主を、腐らせてしまうかどうかはチーム次第。幸いGさんと同僚の方はフォローしあえる関係のようなので、きちんと話し合いながら、次の大きなチャンスに活かしてください。

Gさんと同僚の方は、きっと今後の銀行経営を支える、いいコンビになるでしょう。

24

指示はどこまで言葉通りに従うべき？

Mさん　自動車製造　30代男性

自動車製造の大手に勤めていましたが、先ごろ退社しました。いまは独立起業を目指し、勉強中です。私の在職中の話をします。

入社時は営業に配属され、1年目から黒字成績を出し続けました。28歳のとき課長補佐を任されました。自分で言うのも何ですが、同期の出世頭だったと思います。そのように周りからもてはやされてもいました。

幹部候補生を集めた社内研修会でのこと。私は上司から「会社に対して言いたいことがあれば存分に言うように」と許しを得て、積極的に発言しました。そのなかで、私はある新事業の問題点を指摘しました。いま思えば、ずいぶん偉そうな発言だったかもしれませんが、私だけでなく幹部候補クラスの若手は、みんな感じていた意見でもあったのです。

しかし、この発言が引っかかりました。新事業の責任者である上司の個人批判と、とらえられてしまったのです。

もちろん誤解です。私にその上司を批判する意図はありません。こうしたらいいのではないですか？　という、現場からの意見提案のつもりでした。

その上司は、まずいことに当時の研修主幹。私は目を付けられ、３ヶ月後に九州支社に左遷されました。課長補佐だったのに、役職はヒラに逆戻り。九州支社では有名なパワハラ上司のもとで、心身ともにぼろぼろされてしまいました……。

30歳過ぎて、やっと東京本社に戻れましたが、出世レースではすっかり過去の人。同期は副部長などに抜擢されています。私は「調子に乗って上司にたてついて干されたヤツ」というレッテルを貼られて、ずっと肩身の狭い思いをしています。

あのとき、私は『会社に対して言いたいことがあれば存分に言うように』と許されて、その通りにしたのです。役目を果たした、ということのはず。上からの指示に従って、左遷されてしまうなんて……スジが違いませんか？

対処法

先ほどのGさんと似た事例ですね。会社の求めたことをしているのに、会社から見咎《みとが》められるという。当人としては、たまったものではないでしょう。

Mさんは28歳で管理職を任されたほどなので、きっと優秀な方なのでしょう。社内研修会でどのような発言をされたかは不明ですが、よく思い出してください。本当に、上司批判ではなかったでしょうか？　Mさん自身に、幹部候補生の驕《おご》りはなかったと言いきれるでしょうか？

若いサラリーマンの方が、よく引き起こすスジ違いがあります。

言葉を額面通りに受け取ること。

これは、ややこしい話ですが、相手側はそのような態度を望んでないという、隠れたスジに触れてしまう行為になる場合があります。

例えば会社が「好きなことを言え」という場合に、好きなことを言うと、会社の方はスジのわかってないヤツだと判断します。単純に生意気で、扱いづらい社員だと思われてしまいます。

かといって発言を遠慮してしまっては、評価を下げてしまいかねないので難しいところです。

Mさんは社内研修会で、好きなことを言ってよかったと思います。そこに「好きなことを言う裏づけ」を加えていれば、評価は高まっていたと考えられます。

Mさんは問題点を言うだけで、新事業の改善案や新しいアイディアを、添えられたでしょうか？　本当に求められていたのは、そこではなかったでしょうか？

若い人は、的確な批判が能力の証明であると勘違いしてしまいがちです。批判は必要ですが、良質な対案をセットにすること。それがサラリーマンのスジです。

厳しい言い方ですが、Mさんは幹部になる器がないと見切られたのでしょう。

逆に言うなら生意気でも、幹部の器があるなら、左遷されることはなかったはず。若いときにご自身を、やや過大評価してしまったかもしれませんね。

会社内での「言いたいことを言っていいよ」というのは、けっこう高度なフリです。すなわち「言っていいことだけ言いなさい」というお題目と同じ。大喜利のようですね。このフリに対する返しのワザがわかってくると、仕事は楽しくなってきます。

Mさんは、元々の能力は高い方のはずなので、これからご自分の事業での挽回を期待します。

25

「取り決め・段取り」を勝手に変えられた

Jさん　シナリオライター・原作者　40代男性

マンガ原作の仕事をしています。10年ほど前にあった話です。某美少女系ゲームを原作にしたマンガの連載が決まりました。シナリオは私が担当。媒体はK社の月刊誌です。K社の担当編集者と共に、美少女ゲームの原作者と打ち合わせしました。作画は原作者が書き下ろしの予定。マンガのシナリオは初めてで、張りきっていました。

3話分までシナリオが進んだところで、担当編集者から連絡がありました。「シナリオを降板してほしい」というのです。原作者が、学生時代の仲間をシナリオに起用したいので、代わってくださいと言ってきたのだとか。

そんなの最初から決めておけよ！　と。3話まで進んだ時点で、何を今さら……と担当編集者に抗議しました。しかし編集者「原作者がおっしゃってることなのでね」と、ヘラヘラ笑って答えるのみ。私の作業を、いまのうちにうやむやにしてしまおうという魂胆が見えました。

私は担当編集者を飛び越えて、編集長に抗議しました。すると担当編集者が焦り、「それはスジが違う」と怒りだす。どっちがだ⁉　と、さらに怒りが増して……。

しかも編集長の方は完全に、担当編集者と原作者の味方。私がここまでの経緯と、怒りの内容をきちんと書面で送ったのですが、「こういうことは担当編集者にきちんと伝えておかないとプロ失格ですよ」と、呆れたことを言う。もちろん伝えた上での抗議ですよ！　と怒ると、「伝わってないということは言ってないのと同じことですから」と……。

もう何を言ってもどうしようもないと思い、連絡を絶ちました。それ以来、二度とK社の仕事を引き受けていません。

その後、シナリオの人が書けなかったのかどうかわかりませんが、マンガ連載は始まらなかったようです。

対処法

最初に設定された「取り決め・段取り」を、一方が勝手に変えてしまう、最も理不尽なスジ違いの一例ですね。Jさんは、ご災難でした。

この場合、Jさんに悪い点は、ほとんどないと思われます。完全にK社側のスジ違い。誠意ある謝罪と、作業対価が支払われてしかるべきケースです。

しかしマンガの編集者は、大勢のクリエイターと仕事している特殊な業種なので、真っ当なスジを通してばかりもいられないのでしょう。この手のトラブルを山のように抱えていますし、対処については百戦錬磨。編集長が、悪びれもせずJさん側に非があるような言い方をしたのは、いかにもやり手の出版人という印象があります。

「伝わってないということは言ってないのと同じことですから」は、なかなかの文句ですね。相手が怒ることをわかったうえで言っているとしか考えられません。

こういう人たちは、外部の人間の働きかけでは決して直らないので、悪い評判がきちんと広まり、別の部署に異動させられるか、退社してもらうのを待つしかないでしょう。

一方で、Jさんの対応にも問題があります。お話によると泣き寝入りで収拾つけられてしまったようですが、それはいけません。実際のシナリオ作業、担当編集者とやりとりした履歴をすべて記録して、シナリオ作家協会などに相談するべきです。

後進の作家のためにも、出版社の理不尽な対応は、しっかり糾弾すること。コンテンツ管理に詳しい弁護士に相談して、法的にK社の責任を問うのも一案です。

運が悪かったで済ませてしまったらダメです。後進の同業者のためにも、ここはきちんとプロの作家のスジを通しましょう。

他でヒット作を出して、見返す！　などと考えてはいけません。問題の肝心なところがすり替わります。編集者と編集長に、「スジを違えて申し訳なかった」と認めさせなければ、Ｊさんには「仕事でごねた」という誤った風評が、残る可能性もあります。

おかしいことはおかしいのだと、冷静に証明を立てるのも、大人の仕事です。

26

これって〝タダ働き〟？

Gさん　評論家　40代男性

新聞や機関誌で、評論活動をしています。社会情勢など、オピニオン方面が本来は専門ですが、書物も好きなため、たびたび書評の仕事を引き受けています。小説からマンガまで何でも読む乱読家で、感想語りは基本的に楽しい。苦になる仕事ではありません。

しかし、ある雑誌の書評欄の本のセレクトについて、少し不満があります。基本的に、私のもとに送られてきた贈呈本やら、自費で買った本の中から、掲載候補を出しています。しかしその編集部は、私の提案にたびたびボツを出してきます。「もっと○○を採り入れた本を紹介してほしい」「××が流行っているので、そのテーマの本を」などと。ちなみにその際に集めた、新しい本代は私の自費になっています。経費で落とす約束は、されていません。

編集部からの意見があるのがいけないのではなく。私の持っている情報を無料で検討するだけで、しかも買い直しの費用を負担させ、それを当然のようにしているのは、どうなのかな？　と。

編集部の方針があるなら、それはそっちで揃えて送ってほしいなと思います。けれど本数冊分くらいの負担なら、別にいいかという自分もいます。

いまのところ違和感はその程度なので、何となく依頼を受け続けていますが……段取りというか、頼んでくる方のスジが違うような気がしています。

対処法

代表してGさんの例を挙げさせていただきましたが、フリーランスの方からは同様のお話をいくつか聞きました。

まとめて言うと、クライアントから「タダ働きをさせられる」ということです。

このご時世それも無碍《むげ》にしてしまうと、次の依頼がなくなるという不安があるので、そのままにしているフリーの方がほとんど。自営業者には多い事例なのかもしれません。

よく聞いた話をまとめると「依頼側が採用した分だけ、代金を支払う」というパターンです。つまり依頼された仕事の、試作品とかテスト版の作成には、お金を支払わない。クライアント側としてはもっともなのかもしれませんが、引き受けた側としては、とても困りますね。

Ｇさんの事例でも言えることですが、その人が持っているスキル・知識は無料で培われたものではありません。専門の学校で学び、何年もの自己投資を経て、身につけられた、大切なビジネスツールです。試作品だろうと何だろうと、そのスキルを使った以上は、代金を支払うのがスジだと言えます。

日本社会全体において、人のスキルをタダで使うのが当然、またスキルをタダで提供するのも粋なんだという、よろしくない風潮が残っているように思います。

信頼関係があるからと、タダで作業するのは結構だと思いますが、ビジネスの場面で「それはちょっとタダ働きしておいてよ」というのは、スジが違います。無礼でもあります。

Ｇさんの場合は、はっきりと作業した分の本代を、編集部に請求すべきです。そもそも誌面の決定権は編集部にあるわけですから（その権限を任されていたら話は別ですが）、誌面の正解探しのようなダメ出しを外注の方にさせるだけでなく、掲載にひもづく情報を求めておいて、その分の対価を支払わないのは、編集部の手落ちです。

Ｇさんは、毅然と原稿料以外の必要経費の請求に努めてください。

個人の情報やスキル、オペレーションには、投資がかけられています。利用したければ投資に見合う、お金を払う。それがわからない会社とは、仕事をしないことです。

すべてに先んじて、お金の話を済ませる。

商社会において、なるべくスジの違いを生みださない、これは健全なルールでもあります。

27

人との〝つながり〟と礼儀

Sさん　フリー編集者　40代女性

昨年まで大手出版社に勤めていました。文芸書の編集者で10年以上、有名な文学賞を取った作家さんも何人か担当しています。

会社の方は円満退社。ありがたいことに周囲の理解をいただき、フリーになった後も、作家さんとは良好な関係で、お仕事させていただいています。

フリーになってすぐ、薄い知り合いだった同年代のCさんという女性フリー編集者が連絡してくるようになりました。私が懇意にしている作家さんたちを紹介してほしいというのです。その人はどちらかというと自分が作家になりたいタイプらしく、私が出版社時代から売り込みがけっこう激しくて、何だかなぁ……という感じでした。

私が会社を辞めたことで遠慮がなくなり、こちらの知っている人気作家さんに何とかすり寄ろうというのが、見え見えです。「同じフリーランス同士、情報は共有していかないと続きませんよ」とか、しゃしゃあと言います。もちろんやんわりスルーしています。

このまま無視していればいいのですが。一方で、私が築いた人脈とか知識は会社の看板があったお陰という部分もあるでしょう。これからは許される程度に横の繋がりを共有して、フリー同士助け合うのも悪いことではないという気もします。また、Cさんぐらい押しこみが強くないと、女性のフリーはやっていけないところがあるのも、わかります。

と思っていたんですが……Cさんが自費出版で、エッセイ本を出しました。その出版記念パーティをやるので、出版社の編集者や、有名作家さんたちにもぜひ来てほしいと言われました。「連絡先さえ教えてくれたら、後はこっちでやりますからお手を煩わせません」とか言うんですけど。私を招くつもりは、全然ないようです……。

あなたはいらないけど、あなたの人脈は欲しいと言われているのと同じで、とっても不愉快！

百歩譲って、私も呼ぶというならわかりますけど。誰かの繋がりをビジネスで借りたいなら、その人に対する最低限の礼儀を通すのが、普通ではないでしょうか。

対処法

追記として、SさんはCさんの頼みをしばらく無視していたら、そのうち連絡が途絶えたとか。パーティが行われたかどうかも、不明だそうです。

今のケースも、「気配り・配慮」についての問題でもありますね。Cさんは、ひと言でいうなら、ただの無礼者です。

Cさんのような人は、会社の中にもいます。大きな取引先との商談をまとめてきたのはいいけれど、そのラインをいとも簡単に上司や、別の部署が引き継いで、お礼のひとつもないという。これは腹が立ちます。引いて見ると、誰も損をしていないので、当事者の怒りを共感してもらいづらいというのが、また厄介です。

Cさんのような人は、何がどうスジを間違えているか、まったく理解できないと思います。典型的な自分の利益優先型。周りへの配慮よりも、スピーディに事を進めるために努力します。それはある意味、ビジネスマンとしては強みでもあるので、スタイルとしては否定できません。しかしスジを断つことに躊躇がないため、周りは嫌な気持ちにさせられます。関わらないよう適度に距離をとり、「そっちはそっちのやり方で成功してください」と、生暖かく見守るのがよいでしょう。

一方でSさんは、「私が築いた人脈とか知識は会社の看板があったお陰」だと、気づいていらっしゃる。これはプラスポイントですね。組織を離れたご自分の立場の客観視ができている。会社員時代のスキルをうまく加えて、フリーでもいい仕事をされると思います。

メタ認知能力というか、自分を客観視するのは、とても大事です。自分の周りのスジの種類や、接続先を確認するためにも、客観的視点を意識的に持ちましょう。

28

内輪の〝イザコザ〟が外部に災いをもたらした

Aさん　キャスティングディレクター　40代男性

某大手芸能事務所で制作部にいました。勤務10年を区切りに退職。制作時代のスキルと人脈を活かして、キャスティング専門の事務所を立ち上げました。元の事務所には、一部業務提携という形で、役者の人配協力をしてもらっています。

独立後はネットドラマなどを中心に、細々と仕事を回していました。あるとき、某映像プロダクションから「新作映画に3名の女優が欲しい」と依頼がありました。年齢、容姿、身長などの条件が提示されました。その条件に見合う女優が私の会社にはおらず、元の事務所の所属女優を借りました。

ところが最初の撮影シーンの後、「その3人はいらない」と連絡があり、出演契約もなしにしてほしいと言われました。ひどく憤慨しました。理由を聞いても「監督の決定です」というだけで、要領を得ません。とにかくいらなくなったの一点張り。わが社の役者ならば最大限譲って、引っこめられる話ではありますが、契約が切られたのは元の事務所の役者。このままでは角が立ちます。

私は粘り強く、映像プロダクションと交渉しました。すると監督と制作現場が何かの理由でひどく揉《も》めていることがわかってきました。完全にとばっちりだな……と。結局は「監督を降板させて、あらためて制作を仕切り直す。そこで3人の女優も使う」という話に、落ち着きました。

しかし今度は、その降板されることになった監督が「自分を降板させるなら訴える」と言いだしたそうなのです。現場の座組みはガタガタ。映像プロダクションの担当者は、ついに「女優3人のスケジュールは空けておいてほしい。でも実際に使うかどうかはわからない」と、無茶なことを言いだしました。

あまりにスジ違いな対応に元の事務所の方は、激怒しました。私は平謝りです。

女優3人は正式に降板。スケジュールを空けた彼女たちには、本当に申し訳ないことをしましたし、元の事務所と私との関係も、険悪になってしまいました。

制作会社と監督とのいざこざは、周囲に迷惑かけずに収拾してくれよ！　と。経済的にも損はありましたが、元の事務所との友好関係が損なわれたのが、最大の痛手です。

対処法

これも先に出てきた「取り決め・段取り」が一方的に変えられるスジ違いの一例ですね。どんな座組みを整えた仕事でも、不意のトラブルは避けられません。不意の事情で、関係各所に迷惑をかけてしまう場面もあるでしょう。

しかし自己都合は、仕事相手に悟らせず、また巻きこむことなく、円滑に収拾に努めるのが最低限のエチケットです。

今回のケースの映像プロダクションの方は、エチケットを守ろうとせず、場当たり的な対応に終始していますね。取材のときに社名は判明しています。少し調べると、同様のトラブルを複数抱えているようです。そんな会社でも、何とか作品を世に出せているようなのが不思議です。

Aさんのおっしゃる通り、お金よりも信頼関係に傷をつけられたのが、最大の損失でしょう。人配という、信頼関係ありきの仕事で、こういったトラブルに見舞われるのは、経営上のクリティカルな打撃となりかねません。

どんなに高額なギャラをくれるとしても、こちらの事情を鑑みず、都合最優先で物事を進める会社とは、付き合いを控えた方がいいでしょう。スジというものを大切にする発想がない。健常に通っている人間関係のスジが、何のフォローもなく切られるリスクがあります。

Aさんの場合、間違いを犯した当事者が、Aさん本人でない点が救いです。きちんと元の事務所に謝ってらっしゃるのもいいですね。誠意をもってきちんと元の事務所と接し続ければ、友好関係はきっと回復するでしょう。

「自分に非はない。悪いのは映像プロダクションだ」という姿勢は絶対、厳禁です。それこそ元の事務所にとっては、スジ違いな言い訳となります。

自分は悪くないのだから、謝らない。この姿勢はかなりの確率で、トラブルをややこしくします。

一方で、悪くないけど、とりあえず謝っておこうという姿勢も、あまりよろしくありません。この辺りの采配はなかなか難しいですが、「責任を背負った仕事で迷惑をかけたら詫びる」というシンプルなスジは、まず守ってください。

その場では怒られても、長い目で見たとき、逃げ場がないほど追い詰められるようなピンチは避けられます。

29

〝社内〟と〝社外〟の境界線は？

Kさん　マンガ家　30代女性

デビュー12年目のマンガ家です。某S社の月刊誌でファンタジー作品を連載しています。S社はデビューから2作目の連載をさせてもらった、義理のある会社です。私の担当は、ずっとベテランのTさんでした。しかし数ヶ月前、Tさんの部署異動に伴い、担当氏が新しくなりました。Rという若い女性です。

Rは入社2年目で、編集に配属されて1ヶ月も経っていないと言います。私の作品のファンだったというのは嬉しいのですが、だいたいそういうのは仕事で何か起きやすいんですよね。大丈夫かな？　と不安でしたが……やはり問題アリでした。

打ち合わせに遅刻する。台割を間違える。メールの返事を寄越さない。頼んだ資料を揃えない。取材の段取りができない。いろいろできないくせに、ネーム原稿の段階で、かなり的外れなダメ出しをしてくる。本当に私の作品を読んでいるのか？　と。

それに「○○先生の場合はこうです」と、他の作家を引き合いに出したり。それはプロだったら頭に来るよ？　という言い方を、平気でするんです。

まあ、それでも担当だし、関係をまずくするのも何だと思ったので、しばらく我慢していました。だけどついこの前、うちのアシスタントの女の子に、私のいないところで仕事上の説教をしたらしいんです。その女の子はすっかり落ちこんじゃって、スタジオの進行にも影響が出てしまいました。

まず、Rの発掘してきたわけでもない、私の大事なスタッフに、あんたがとやかく言うのはスジが違うでしょうと。何より、あんたのやってることは、担当作家の仕事の邪魔になってるんだ！　と怒り爆発しました。

堪えられず、私はS社の編集長に直訴しました。いままでのRの行状を全部ぶちまけました。編集長は「うちの部員の未熟さと非礼を深くお詫びします」と一応、平謝りしてくれました。それにしてもRは、ちょっとひどいと。社会人としての基本的な処理能力が、足りなすぎませんかと言うと、どうも部内でも彼女はそういう評価だったようで（そんなのを担当につけないでほしい……）、今後はRと、デスクの編集者をサポートでつけてくれるということで何とか落ち着きました。

でも納得いかないのは編集長の言い分。「K先生には、うちのRを育ててもらおうと思っていたのです」と。はあ⁉　何で私にあの子を育てる義理があるのよと。それもまた怒り爆発でした。

前の担当のTさんと、ご飯を食べると、このグチばかり。Tさんは「迷惑かけて本当にごめんね」と謝ってくれます。本心ではTさんに、担当に戻ってほしいのですけど。編集者を選べない作家は、我慢してやっていくしかないのかなと思います。

対処法

納得できないでしょうね。何で私が⁉　というKさんのお怒りが、伝わります。

わかりやすい形でKさんの例を挙げさせていただきましたが、「出来の悪い担当者を押しつけられて困る」パターンは、取材でもたくさん集まりました。

担当者の配置換えは、会社ではよくあることとはいえ、引き継ぎをきちんとできているか、また能力に見合った人が配置されているかは、ほとんど運次第ですね。

Kさんの事例でのスジ違いは、S社のRさんに対する育成の放棄、そして作家への押しつけでしょう。社員に相応の能力をつけて現場に送り出すのは、会社の義務。外部の人に育ててもらおうなんて、スジ違いも甚だしいです。

一方で、会社には未熟な社員を大事な場面にあえて投入して、成長を促すという、独特の育成法があります。育成してから送り出すか、現場で育成するか。ニワトリ・タマゴ論に近い問答になりますが、力のない人に無茶ブリして力をつけさせる手法は、ときに効果的でもあったりするので、全否定はできません。

Kさんの場合のRさんも、きっとそうだったのでしょう。S社のやり方に巻きこまれたKさんは、たまったものではないと思いますが、「Kさんになら任せても安心だ」という編集部の高評価の裏返しだったと、ポジティブに受け取るのがよいのではないでしょうか。

Rさんとの付き合い方はKさん次第ですが、実害を受ける決定的なトラブルが生じない限り、編集長に言われたとおり「この子を育てるのに付き合ってみるか」ぐらいの態度でいるのが、大人の器というものではないかと思います。

ひとつ気になるのは、Kさんが元の編集者のTさんにグチをこぼしている点ですね。信頼関係あってのことだと思いますが、Tさんに戻ってほしいなどと頼むのは、それこそスジ違いになります。

S社の人間の処遇は当然、S社が決めます。Rさんの悪口を聞いてもTさんは困惑されるだけだったでしょう。基本的なことですが、外部の人が、仕事を受けている会社の人の悪口を、その会社の人に漏らすのは決して良いことではありません。どんなに組織内の関係がぎくしゃくしていても、会社員は必ず身内の味方をします。外部の人の立場に立って戦うということは、ほとんどあり得ません。是非はともかく、そうするのが組織の構成員たる、不文律だからです。

Tさんは信用のおける方だと思いますが、あまりRさんの悪口を言い続けていると、S社の中で「Kさんは使いづらい」という評価が広まる可能性もあります。

スジを違えられたイライラをぶつけるあまり、スジの違う申し出をしてしまうことに、気づかないのは危険です。気分はスッキリしても、仕事のプラスにはなりません。

グチは、ほどほどに。トラブルはできるだけ当人同士で解決するのが無難です。

30

“下請け”の苦しい立場

Jさん　土建業　60代男性

親父から会社を引き継いで20年、いまは40名の社員を抱えている社長です。某県の、ある土地造成事業の一次下請けを手がけることになりました。億単位の予算が組まれており、わが社としては総力をかける大事業でした。

ところが造成計画の途中に、一次下請けのQ社さんから「B社と共同事業でやってほしい」と頼まれました。B社は、Q社さんの社長の息子が、取締役をつとめています。まあ、要は息子の会社にも取り分を分けたいということなのでしょう。田舎の土建屋にはよくあることなんですが、造成計画の前ならともかく、途中からというのは、ちょっとスジが違うんじゃないかと。それに詳細は言えませんが、わが社はB社とは、数年前からかなり険悪な関係にあります。しかしQ社さんの顔もあることですし、B社の上層部と、しっかり手打ちをしたうえで、造成計画を進めることになりました。

私としては最大限、B社に譲るつもりで三次下請けや人の手配を進めていたつもりなのですが、どうもB社が足並みを揃えてくれません。そもそもB社は、単独でこの事業を引き受けるはずだったという言い分があるようなのですが、そんなことはこちらは知りません。また、お金の流れなどでB社は不明朗なところが多く、後々法的なトラブルにならないよう、書面を整備するだけでえらく時間がかかりました。何でそんなことをうちがやらなければならないんだ……と、むなしくなりました。

共同で計画を進めてはいましたが、「嫌々だけど一緒にやっていきたい」会社と、「主導権を握るのはこっち」という会社が、うまくいくはずがないです。ある場面で、完全決裂してしまいました。一応、B社が一方的に降りるという形になりましたが、Q社さんには大迷惑がかかりました。

すると「遅延」が理由により、事業計画の予算は大幅に削られました。それはスジが違うでしょう、だいたいB社を噛ませようとしたQ社さんのせいでは……と言えないのが、二次下請けの辛いところです。

社員や、三次下請けの会社は事情を察してくれましたが、申し訳ない限り。B社は後になって、今回の件であることないことを触れ回っているようです。そんな連中と一時期でも仕事させられたのか、と憂鬱になります。

対処法

今回取材させていただいた中で、動いているお金のケタが最も大きい、億単位の額が行き交う事例でした。

どんなに巨額の事業でも情緒的なズレによるスジの違いが生じれば、仕事は滞《とどこお》るし、スジさえ通っていれば、規模が大きくてもスムーズに進むという事実を、再確認しました。

今回のケースでは、複雑な金銭トラブルの詳細を明かしてもらいましたが、本書のテーマに合わせ、わかりやすくスジ違いの構造のみを挙げさせていただきました。

たいへん難しい事例だと思います。億単位ものビジネスだけに、Jさんのジャッジひとつで事態が変わるとは言えません。いくつかの選択肢を、慎重に取っていくしかなかったのでしょう。

まずひとつは、B社との共同事業を進める。これが最も適正なスジだったはずですが、B社にその意思がなかったとするなら、決裂は致し方なかったと思います。

適正なスジが失われた場合、選択肢として、いっそのこと別のスジを、つくってしまう方法があります。例えばB社の子会社や関連企業と提携するなど、B社との間に新しいラインをつくって、そちらで仕事を進める。もしくはJさんの会社とB社の共同出資会社を設立するなども考えられます。

最初に立ち返り、Jさんの会社だけで造成事業を引き受けた方が、Q社の最大利益になるという材料をそろえ、再度プレゼンを仕掛ける方法もあったでしょう。

いずれにしてもビジネスで、根本の信頼関係が決裂した場合、無理に修復しようとするのは、賢い策ではありません。

新しい信頼関係を、見つけるか、つくっていく。そうやって進歩的に考えを進めるのが、早い解決につながります。

Jさんは今回の事例で、だいぶ気疲れされたと思いますが、多くの人の生活に貢献する公共事業ですので、気持ちを切り替えて事業を完遂していただけたらと思います。

私が言うまでもありませんが、B社の大人げない後々の振る舞いは、気にしないこと。スジの切れた相手は、スジをもう一度繋ぎたい機会が訪れない限り、「単なる同業者」ぐらいの認識で、距離をずっと取っておけばいいでしょう。

合わないヤツとは、合わないまま放っておく。ビジネスでは、悪いことではありません。

31

善意でも文句は直接言え

Iさん　飲食店　30代男性

ラーメン店を経営しています。関東の名店Yで7年修業して、のれん分けという形で独立しました。ありがたいことに独立後から繁盛しています。

Yのマスターは、「うちの味を守ったうえで、新しいことはどんどんやっていけ」というスタンスなので、独立後は私なりの新メニューを、試行錯誤してお客さまに出させていただいています。

Yの本店の常連さんだったBさん（50代ぐらいの男性です）は、うちの店にもちょくちょく来てくださっています。大事なお客さまなのですが、「味がYと変わりつつあるよ」とか、新しいメニューへのダメ出しを、他のお客さまのいる前で、大声で話されます。正直、閉口しています。まあ、それでも来てくださるのは嬉しいので、受け止めていました。

ところが先日、Yの本店に行くとマスターから「Bさんからクレームが来ている」と言われました。何でも、私の店の味の変化を報告したいと。Yのブランドを守るために、Iちゃんにしっかり忠告した方がいいよ、と言ってたそうです。マスターは「あんたは何様の立場なんだよって話だよな」と苦笑いしていいましたが、まさにその通り。

お客さまの意見は大事なので、少々鬱陶《うっとう》しいときがあっても、きちんとお聞きするように心がけています。ましてBさんには反論したわけでもないし、出入り禁止にもしていません。うちを飛び越えて、本店のマスターに告げ口みたいなことをするのって、お客といえども、スジ違いが過ぎます。

文句があるならうちに直接、言えばいいでしょう！　と、ムカついています。

対処法

似たような事例は、けっこう多いです。それを言う立場でないのに、偉そうに意見する人は、どこにでもいます。名づけるなら「お前が言うな！」のスジ違いですね。

今回の事例の取材の段階では、いまだにIさんの店に、たびたびBさんはやって来て、味についてダメ出しをしていくそうです。Yの味通を気取りたい、Bさんの誇示プレイだと思いますが、お客さんなので怒るわけにもいかない。あらためて飲食業は、大変なお仕事だと察します。

Iさんの事例の場合、Yのマスターが事情を察しておられるのが幸運でした。面倒くさい客さんを、大変な数さばいてこられた経験値があらわれていますね。Iさんは特に対処されなくても、いままで通りで結構でしょう。

この事例のようなスジ違いは一般の会社でも、頻繁に見受けられます。他の取材で多く聞いたのは「仕事の失敗を本人に言わず、上司に報告する」というパターン。これはたしかに、スジ違いです。

その人に言いたいことがあるなら直接、面と向かって言う。それができないなら言わずにおくか、言えないような関係性で仕事している自分に、何らかの非があると省みてください。

Yのマスターに告げ口したのはBさんの単なる、味覚のプロ気取りなので、可愛げがあります。またIさんとBさんでは、店主とお客さんという関係性なので、深刻なスジ違いは生じません。

しかしもし、あなたが後輩や同僚のミスを、本人に言えないから上司に告げたとしましょう。それは、ミスした本人のためを思った行為でしょうか？

どこかに「ミスを見つけた自分を褒めてほしい」という気持ちはないでしょうか。また「こいつのミスを自分のせいにされたくない」「叱る面倒を引き受けたくない」という保身の気持ちは、ないでしょうか。

相手が相当の先輩だったら、仕方ないかもしれませんが、直接本人に言えない理由は、何なのか。まず自身に問い合わせてください。ネガティブな理由だった場合、後々にどこかでトラブルを起こす可能性は高いです。

告げ口は、絶対にいいことがありません。

相手の改善には、まず効果がないですし、告げ口した本人の評判も下げます。

告げ口してスッキリした！　という人が、仕事で評価されるでしょうか？

32

“会社が決めた”で何でも許されるのか？

Uさん　広告代理店　40代男性

3年前から事業部の課長を務めています。先ごろ、わが課で某自治体の振興事業のプランニングを手がけました。草案は私の課の部下たちが頑張って、素晴らしい内容にまとめてくれました。ところが部長のOに上げると「却下」と言います。

Oは私の4年先輩なのですが、ずっと私とはそりが合わず、何かあるたびにぶつかっていました。私はOのように昇進には興味がないので、遠慮なくOに意見してきました。それがヤツには気に入らなかったのでしょう。今回の草案はかなりの上出来、どう考えてもOの個人的な嫌がらせでしかないと感じました。

「却下の理由は何ですか？」と聞くと「ここと、ここのプランが弱い」と言います。しかしそのプランには意図があるものなので譲れないと食い下がりました。事業制作をきちんとわかっている人なら理解できるはずなのですが、Oにはいくら説明しても伝わらない。するすると「そもそも全体に予算がかかりすぎている」と。まるで取って付けたような理由で、呆れましたが……部長の決がないと会議にはかけられません。仕方なく課のみんなを集めて、大幅に予算組みを改めた草案を、つくり直しました。

Oは「いちおうOKするけど社の判断はまず無理だろうな」と、むかつくことを言います。「そのときはUの責任ということでいいよな？」とも言いました。上等だこの野郎！とは、言いませんでしたが……冷静に、もちろんですと答えました。

何とかOの決を取って、社内会議に掛けました。すると社長以下ほとんどの部から「いいプランだ！」と絶賛を受けました。

するとOは「草案すべて私が自信を持ってまとめたものです」と胸を張りました。はあ？　どの口が言うんだ？　と、呆れ返りました。まあ結果的には、部下の成果を立てられたので我慢することにしました。

しかし事業を始める直前、現場の仕切りを、ある制作会社に丸投げすると決まりました。その会社はOと付き合いが長く、事実上Oの子飼いの顔ぶれで、仕事を進めることになったのです。

今回の事業は課の若手に経験を積ませるチャンス。しかも自分たちで手がけたプランです。他社に丸投げするなんて、スジが違いすぎる！　と、再びOに詰め寄りました。

Oは「俺じゃなく会社が決めたんだ」と、しれっと言います。けれど、うちの課の若手の面目が丸つぶれ。それについてはどう思ってるんですか⁉　と言うと「会議で通った仕事は会社のものだ。会社の決定で進めるのがスジだろう」と一蹴されました。正直、そう言われたら反論できません。

今回の事業計画は結局、Oの実績となるでしょう。それ自体むかつきますが、何より能力を会社にアピールできる機会を失った、部下たちに申し訳ない思いで、いっぱいです。

対処法

横山秀夫原作の映画『クライマーズ・ハイ』の1シーンを思い出す事例ですね。遊軍記者の悠木が、部下の若手記者のスクープをもみ消され、「あんたは部下が奇跡を起こすチャンスを潰した！」と上司とつかみ合いの大げんかをします。

悠木の姿勢は、Uさんと重なります。

若手の立場を守りたい、上に立つ者の鑑のような態度は、とても立派です。ぜひそのままのスタンスで、今後もお勤めください。

スジには、大小があります。どれだけ理が通ったスジでも、大きなスジに呑みこまれてしまう場合は少なくありません。今回のケースは、まさにUさんのスジのスケール負けということでしょうか。残念ながら、O部長の「会社のため」というスジには敵いませんでした。

取材時には、最初の草案と、O部長の事業発注のだいたいの中身を教えてもらいました。なるほど、たしかに予算的にもオペレーションも、O部長の発注案の方が、会社側のメリットは高いようでした。とはいえ最初の草案ありきの発注案なので、Uさんの憤りも頷けます。

ここはひとつ「昇進には興味がない」などと言わず、部長さらには執行役員と、大きなスジを通せる立場を目指されるのは、いかがでしょうか。

引いて見れば、O部長は会社の利益の高い方を選ぶという、サラリーマンの大きなスジを通したと言えます。

小さなスジの流れに立ち、大きなスジの流れを非難していてもストレスが溜まるだけでしょう。大きなスジを通せる立場で、よりたくさんの部下に恵みを分けられるようになると、仕事はより豊かに、さらに楽しくなってきます。

Uさんは部下の立場を守るなど、小さなスジを束ねているうちに、自然と大きなスジを通せるポジションに就かれると思います。

O部長はどんな実績で昇進されたのかわかりませんが、こういう憎まれ役は会社には必要悪の部分もあります。存分に憎たらしがって、チームの奮起を高める材料に利用されてはいかがでしょうか。

33

掃除は仕事の邪魔？

Sさん　家具販売　20代男性

わが社は8時の出勤です。社長の発案で、8時から全社員で一斉に、30分間オフィス内の掃除をすることになっています。社長が、朝イチに掃除する会社は業績が伸びると聞いて、採り入れたものです。

掃除自体はいいとは思うんですが、30分って結構、長いですよね？

一応黙ってやっていますが、内心は「この30分で他の仕事ができるんだけどな……」と感じています。

それにうちの会社は、終業後にもクリーニングの業者を入れて、掃除しています。業者の方は「おたくの会社は汚れが少なくて、やることがないですよ」と嬉しそうに言いますが、複雑です。

社員のパフォーマンスを30分間、落としているだけじゃなく、プロの掃除の方の仕事を奪っているんじゃないかと。それって、スジが違いませんか？

掃除は掃除のプロに任せて、私たちは私たちの仕事を頑張るべきだと思います。

対処法

もっともな意見のようですが、ちょっと注意の必要な事例です。

自分に与えられた仕事を100%やりきるのが、勤め人の正しいスジであり、他のことに手間を割くのはスジ違い。というのが、Sさんの意見の要約になります。

しかし少し考えてみると、Sさんの言い分には、掃除をするのが面倒だという、本心が透けて見えます。

「プロの掃除の方の仕事を奪っている」と大袈裟な表現を使われていますが、本当に奪っているとしたらクリーニング会社から何らかの意見が会社に出されているでしょう。加えて、30分間程度の朝の掃除でプロの仕事を奪っているというのは、少々思い上がりです。掃除のプロの仕事を、下に見ているとも言えます。

「おたくの会社は汚れが少なくて、やることがないですよ」というのは、会話上のユーモアです。それを快くなく思われているのはやはり、「自分に掃除の仕事は必要ない」という決めつけが、どこかにある証拠と言えます。

もちろん30分間を正規の仕事に費やす方が、効率的だという意見は間違っていません。

しかしその30分で、仕事にどれほどの支障を来しているのか、証明しないといけなくなります。

掃除のせいで会社の成績が、落ちていますか？　お話を聞いた限りでは、そんなことはないようです。

Sさんのケースは、数字的裏づけがないのに「自分の本来のパフォーマンスを、やりたくない作業に邪魔されている」という、サラリーマンのスジ違いな言い分と変わりがありません。

これまで取材で経験した印象ですが、30分程度の掃除で仕事を邪魔されていると感じるようなサラリーマンに、伸びしろはあまりないように思えます。

Sさんは会社に与えられたミッションのひとつとして、掃除を黙って続けるのがいいと思います。

万一パフォーマンスが落ちたと証明できるものがあれば、その時点で上にきちんと報告すればいいのです。しかし、おそらく証明されることはないでしょう。

30分ということは、掃除できるのはきっと自分のデスク周辺ぐらいですよね。その程度は自分できれいに保つのが、勤め人のマナーと言えます。

それに掃除のきちんとできる社員は、誰かが見ていてくれます。社内パフォーマンスの評価につながるものと考えましょう。

Sさんは30分の掃除で不服が言えるぐらい、堅調な状態の会社に勤められているという点で、恵まれているとも言えます。オフィスの掃除ができていない、薄汚れた会社は、ほとんど社内に何らかの問題があるか、経営が傾きかけています。

Sさんはまだ若いので、もっともらしい理屈を述べず、掃除ぐらい黙ってやりましょう。そして本業の仕事で、高い成果を出せるよう努めてください。

掃除が気になるうちは、Sさんはヒマなのだと思います。本当に密度の高い仕事を担当されていれば、30分の掃除など、特に気にならないでしょう。

34

先輩が電話で名乗らない

Kさん　自動車販売　20代女性

私の部署のD先輩に困っています。Dさんは男性で40歳。仕事は特に問題がない人なんですが、彼は電話で、名乗らないんです。

どこに電話をかけても、相手を呼び出すか要件を切り出すのが先で、「どなたさまですか？」と向こうから聞かれないと、名乗りません。

うちの会社の人間への電話なら、声でDさんだとわかるので、問題ないとは思うのですが。私個人は「俺だということぐらい声でわかれよ」という偉そうな感じがあって、不愉快です。

取引先の方からも、過去に何度か「名乗らないヤツから電話があった」と、ご指摘がありました。その都度、Dさんの上司が注意するのですが、全然変わりません。

Dさんの言い分は、名乗る時間がもったいない、要件から切り出した方が仕事はスピーディだし、自分なりの効率を上げるマネジメントだ、というんです。はあ？　こいつバカかと思ってます。

マネジメントか知らないけど、いい大人なのに、一回言われたら直せよ……と。電話をかけたらまず、「誰々さんいますか?」とか「何々の件ですけど」の前に名乗るのは、社会人としては当然ではないでしょうか。

対処法

いい大人なのに一回言われたら直せよ。大変、耳が痛い言葉です。相談内容と同じぐらいこの言葉が印象に残ったので、取り上げさせていただきました。

内容の方は、大人のエチケットの問題ですね。先に名乗らない。些細なことかもしれませんし、気にならないという人もいるでしょう。しかしKさんのおっしゃるように、身内である会社内もしくは仲のいいグループ内なら、別に結構です。けれど、何者かを明らかにせず、「名乗らなくてもいい」関係ができていない相手に電話をかけて名乗らないのは、エチケットが足りません。Dさんは相当に神経が太いのでしょう。特定の場面では役立つかもしれませんが今後、何かのきっかけで取引先を怒らせ、取り返しがつかないことになるのではと心配になります。

またDさんの意見には矛盾がありますね。要件から切り出した方が仕事はスピーディだと言いますが、「どなたですか？」と聞き直されている時点で、相手に余計な手間と時間を、取らせています。好感を持たれるはずがないですよね。電話は相手の時間に前触れなく介入する、とても不躾《ぶしつけ》な行為であるということを認識しましょう。

エチケットの問題であると同時に、相手への想像力の問題でもあります。

電話をとったとき、名乗らずにいきなり誰々を出せと言われて、まったくイラッとしない人は、少数です。

相手が気持ちよく対応できる態度で、電話をかける。そして、相手の手間をできるだけ減らす工夫をする。Kさんの言われる通り、それが社会人の当然の作法だと思います。

ちなみに他に取材された方のなかで、電話の声が小さすぎる、または滑舌が悪くて要件がわかりづらい同僚に困っている方が、割と多くいらっしゃいました。ネット環境が整い、ビジネスで電話連絡をとる場面はめっきり減りましたが、素早い通信手段としてはまだまだ一般的。時代がひと巡りして、「正しい電話のかけ方・話し方」講座を立ち上げれば、意外と当たるビジネスになるのでは？　と思いました。

35

部外者に負担を押し付ける横暴

Wさん　運送業　50代男性

社員10人の運送会社を営んでいます。お得意さんは、工業部品取り扱い大手のL社さん。不景気のなか、東名阪の遠距離運送を卸してくださる、ありがたい会社です。L社さんの社長さんとも、友人のようにお付き合いさせてもらってきました。

この前、L社さん系列のP社から、運送の発注がありました。P社側は「L社の下請け運送なので請求はL社で処理します」とのことでした。この段階できちんと確認しなかった、自分の不手際もあるのですが……。

P社の運送を完了させてから、L社さんに請求の話をしました。するし、今回は正規料金の6割ぐらいしか払えないと言います。えっ⁉　となってL社さんの社長さんと話しました。何でもP社には仕事でひとつ借りがあるらしく、それを返すために、今回の破格に安い運送発注を手配したというのです。

手配したと勝手に言われても……困ります。L社の社長さんは、調子よく「まあまあ、Wさんのところには今後も発注させてもらうから。今回はひとつ泣いておいてよ」と笑って言われました。正規の6割なんて、泣いておける金額ではありません。ガソリン代は高くなる一方。この減額では、うちの会社の収支は相当厳しくなります。

とはいえビジネス上、L社さんとの付き合いは切れないし、心情的に社長さんとの間柄もあるので結局、こちらが泣くことになってしまいました。

L社さんは満足でしょうけれど、私は内心、ひどくモヤモヤしています。P社との間に何があったのか知りませんが、その問題はそっちで処理してほしい。うちのような外の業者に、フォローさせるのは大いにスジ違いだと思います。

対処法

困った話ですね。典型的な「仕事の請負関係」のスジ違いのパターンです。

たしかにWさんのおっしゃるように、P社から依頼された時点できちんと請求金額の確認をすべきだったでしょう。しかしL社との長年の信頼関係が、悪い意味で作用してしまいました。

信頼関係が通っている間柄でも、スジ違いは起きます。

多いのは今回のケースのように肝心な部分を、なあなあで済ませるパターンですね。なあなあで済ませても許される場面はありますが、情緒の領域に限ります。例えば、謝ったら許してやるというぐらいのスジ違いなら結構。しかし金銭が絡んでくると、結構とは言えなくなってきます。

Wさんのケースでは、最初にL社側と、いままで世話になっているから今回は6割の料金でやるという合意がなされていたら、特に問題はなかったと思います。しかし結果的に、WさんはL社に悪い意味での「サプライズを仕掛けられた」形になりました。

L社側は、これぐらいならWさんは泣いてくれるだろうという甘えがあり、Wさん側は、いやそうはいかないんだけど断ることもできない。この両者間の、認識と立場のズレが、スジ違いの構図となっています。

どんなに信頼関係があろうとも、お金が一円でもからむ場合は、しっかりとした確認をとること。それがスジ違いを生まないためのルールです。

今回のケースでは、すでに支払い関係の手続きが終わってしまっているようなので、Wさんには気の毒ですとしか言えません。しかし結果的に受け入れてしまったWさんの方にも、改善すべき点はあります。

話から察するにL社の社長は、なかなかの狸です。仕事を請けている限り、今後も同様の事態があるかもしれません。あのときOKだったのだから、次も請けてもらえるよねと。

Wさんは L社との社長との関係を重視して、それでも引き受けるか、二度はありませんと毅然と断るか。経営者として態度表明が求められます。

なあなあで済ませるのは、多くても一度きり。

今後のビジネスの教訓にしてください。

36

どこまでが〝会社の財産〟？

Gさん　コンサルティング　30代男性

10年勤務した会社を辞めて、同業他社に移籍することになりました。ヘッドハンティングを受けたのです。スジを通すために、辞める会社にはきちんと報告しました。同業なので、どこで出くわすかわかりませんからね。いまは主に、引き継ぎの作業に取りかかっています。

基本的には、辞めることは合意に至っています。しかし元の上司からは「わが社で知り合った関係者、お客さんとの接触は禁止。電話も禁止。名簿も絶対に持ち出してはならない」と厳命されました。名簿は、ともかくとして……仕事相手とも会うな、というのは厳しすぎるのではないでしょうか。

新しい職場で私が求められているものは、前の職場で得られたスキルや人脈であって、それがまったく使用不可となると、業務に支障をきたすでしょう。

「名刺も持ち帰ったらダメですか？」と聞くと、「基本的には返却しなさい」と言います。そんな無茶な……と。入社してから全部の名刺なんて、持っているわけがない。だいたい返却したとして、僕が名刺のアドレスをメモで残していたら、意味がないでしょう。

それに、仕事で知り合った関係者やお客さんと会うなと言っても、狭い業界なので、新しい会社でもきっと関わることになるでしょう。事実上、接触禁止そのものが不可能です。

元の上司は「うちの会社で得たものを、他の会社の利益のために使うのはスジが違う」と言います。それはそうかもしれませんが、現実問題としては、そうもいきません。わかったうえで言ってるだけなのでしたら、アホらしいな……と思いませんか。

対処法

これは、ビジネスの場に働く、牽制プレイの一種だと思います。

Gさんの言われる通り、元の上司は立場上、言ってるだけです。おそらく、新しい職場では元の会社で得たリソースは節度を持って、最初は目立たないよう、利用するときには程々にしてくれという、ささやかな「ひと刺し」なのだと思います。

Gさんが呆れるのは、もっともです。新卒の新人ではないのだから、社会人としての経験値を利用するのは当然。辞めた会社のことはあまり考えず、新しい職場で自由に、仕事に打ちこまれるのがいいでしょう。それは前の職場も、暗黙のうちに了解しています。差し止める権限もありません。

しかし、元の上司の意見は斟酌《しんしゃく》してください。会社は、ひとりの社員が一人前になるために、大変な投資をしています。Gさんが得た仕事のリソースは、会社のバックアップありきの財産です。会社としては、Gさんが他社に移籍してしまったことで、投資がムダになっただけでなく、そのリソースを丸ごと持ち出された形になります。経営側の視点で見れば、たまったものではありません。使うなとは言わないけれど、常識的な範囲で使ってくれというのが、本心でしょう。

またお仕事柄、本当に持ち出してはいけない会社の守秘義務事項もたくさんあると思われます。場合によってはコンプライアンスに抵触して、深刻な訴訟となりかねないので、元の会社のリソースを他社で使うときは、充分に注意してください。

この事例では、まず後々に揉めないよう、元の部長と、仕事の何を持ち出していいのかを、しっかり話し合っておくことが（たとえ建前でも）大事です。また新しい会社に移ったとき、接触を禁止されている相手と会わなくてはいけなくなった場合、その相手に事前に話すこと。「元の上司からは接触を禁じられていますが、自分としてはあなたと良好な関係を維持させていただきたいので、引き続きお付き合いをいただけたら嬉しいです」など、スジを通した対応を忘れないでください。そのお相手と、元の会社との関係性も関わってくることです。

退職・移籍は、多面的な人間関係のバランスを整える、器量が問われます。そこでしくじったら、取り返すのは大変なので、気をつけましょう。

最もポジティブなスジの通し方は、Ｇさんが新しい職場でバリバリ活躍して、元の会社の大きな利益になるような仕事を発注すること。新しい会社と元の会社、どちらにも得をさせることができれば、Ｇさんのサラリーマンとしての株は急上昇します。

相手の小さなひと刺しを、いずれ利益でお返しする。それが現代ビジネスマンの上昇モデルと言えます。

第4章 スジ違いのメカニズムとそれを回避するマジックワード

スジ社会と重なる日本独自のダイヤグラム

前章では、取材したなかから、さまざまなスジ違いのケースを紹介させていただきました。仕事の環境やその人の性格など、シチュエーションは多岐にわたりますが、全体を俯《ふ》瞰《かん》して見ると、スジ違いが生じる原因は、大きく7つのパターンに分けられます。

1. 合法的な順番破り・約束破り
2. 無礼・失礼
3. 自己保身
4. 暗黙の了解の非共有
5. 所属している以外の組織の作業をやらされる
6. ヒューマンエラー

7．サプライズ

世の中に起きているほとんどのスジ違いは、この7つのパターンに収斂《しゅうれん》されます

最もメジャーなのは〈1．合法的な順番破り・約束破り〉でしょう。

合法的な、という点がポイントになります。例えば行列の割り込み行為は、たいへん腹立たしいですけれど違法ではありません。しっかり裁判すれば罪になるのかもしれませんが、1．のパターンで実際に裁判に発展する事例は稀少です。だから社会では、放置されやすい。いつまでも怒っていると、怒っている方が「大人げない」などと言われて、どうしてこっちが悪く言われるんだ⁉ と、余計に腹が立つストレスとなります。

〈2．無礼・失礼〉〈3．自己保身〉は比較的、若いサラリーマンの間で起きやすいです。成熟した年長者がきちんと教えてあげれば直りやすいのですが、3．の自己保身は説教が必要ですね。

若者に限らず、いい大人でも、自分可愛さに平気でスジ違いを起こす人がいます。そしてさらに、相手の怒りを高めて、スジ違いのズレを大きくしてしまう。自分の身を守りたいのに、逆に、よけい自分の身を攻撃にさらすことになります。私はこの状態を〝ハリネ

ズミ現象〟と呼んでいます。

自分だけを守ろうとガード態勢に入ると、とげとげの針が外に伸びて、誰彼なく傷つける。それで怒りを買い、あっちこっちに転がされ、やがて針をものともしない大きな敵に丸ごと食べられてしまいます。

自分だけを守ろうとしたとき、自分を守ってくれるはずのスジは、断ちきられます。この教訓的なスジの仕組みはぜひ「傷つきたくない」若い世代のサラリーマンに、覚えておいてほしいです。ハリネズミは一瞬は身を守れるけれど、相手に痛い思いをさせているので、結局は恨みを買って攻撃され続けるのです。

自己保身は、他者への余計なアタックであると胆に命じましょう。


〈4．暗黙の了解の非共有〉〈5．所属している組織以外の作業をやらされる〉のスジ違いも、しばしば生じます。
4．に関しては連絡および普段からのコミュニケーションを徹底するより、防ぎようがありません。「言わなくてもわかるだろう」文化が、ビジネスの現場に根強く残っているのも、このスジ違いがはびこる原因となっています。
また5．は命令の場合がほとんどなので、なかなか避けがたいです。「自分の仕事じゃない」ことをやらされ、責任まで取らされるのは、不愉快きわまりないですね。この場合のスジを通すには、仕事を突き返すしかないのですが、簡単に採れる方法ではありません。工夫を凝らして自分の仕事にしてしまうか、いっそ楽しんでみるか。解決の選択肢が少ない、難しいパターンです。

〈6．ヒューマンエラー〉は、仕方ない面もあります。どんなに優れたシステムでも、人が関わる以上、ミスは起こりえます。「リストの名前を間違えた」「納期の日付けがずれていた」など、人のうっかりミスのせいで、大きなスジ違いが生じる場面は、よくあります。ヒューマンエラーの100％排除は不可能です。このパターンのスジ違いは、自然発生現象と同様に考えるのがいいかもしれません。

〈7．サプライズ〉は、求められていない驚きが、ビジネスに持ちこまれる場合です。

せっかくまとめた事業プランを、社長のひと言でひっくり返されるなどは典型的。また、チームの仕事に、わかっていない上司が余計な手を加えることも、このパターンですね。ビジネスの現場でイレギュラーな事態は、だいたい悪い意味でびっくりすることになります。学生時代まではサプライズは嬉しい響きを持っていますが、社会人にはトラブルのもと。多くは敬遠されがちです。

もちろん取材中、仕事でものすごく嬉しいサプライズがあった！　という方もいましたが、稀な例でした。サプライズはいらないから、予定どおりに仕事を進めたい、それが多くのサラリーマンの本心でしょう。

以上の7つのパターンを通してひとつ、わかることがあります。

スジとは、自分とトラブルが起きた相手との、二者間に一本、通っているものではありません。

周囲のスジと複雑に連動した、網状のものです。

「スジを通す」と言っても、当事者間のスジだけにフォーカスしていたら、間違った対処を採ってしまう場合があります。

例えば、AさんがBさんとトラブルになったとき、二者と連動したスジを持っているCさんに協力を仰ぐと、スムーズに解決する。または、どうにもならないスジ違いの場面でも、まったく関係ないところのスジをきちんと守っていると、いつの間にか最初のスジ違いが直っているなど。どうにもならないスジ違いから、いったん視線を外してみると、意外なところに解決となるスジが見つかる場合は、よくあります。

スジとは、一本の紐ではないのです。

個人の周りをぐるっと覆っている、ネットワークのシステム。その網の目の総合的な動作不良が、スジ違いを生んでいます。

イメージとしては、列車のダイヤグラムです。

日本の鉄道は、新幹線から在来線まで、細かく秒単位で発車時間が組まれています。事故がない限り、ほとんど遅れはありません。駅での停車時間、駅間の時速と所要時間、機関区や車両基地への出入り、連結と通貨、普通列車と臨時列車の区別など、多数の情報を整理したダイヤグラムに基づいて、運行されているからです。

その図面はまさに、スジが網状に通っている、人間関係と重なっています。

ひとつの電車の運行がズレると、連鎖的に周辺の運行に影響が出ます。けれど周りの路線が時間をうまく調整して、やがてダイヤの網を、元に戻します。人間関係のスジ違いが直っていく過程と同じです。

これだけ高度に組んだダイヤグラムは、世界に類がないと言われます。正確無比な運行スケジュールは、東京オリンピックの誘致成功の後押しにもなりました。ダイヤグラムは、イギリス発祥とされていますが、巧緻に組み上げられた構造は日本独自のもの。網状に整理された情報が規律した運動を支えている、日本のスジ社会の象徴とも言えるでしょう。

スジ違いを回避する7つのマジックワード

スジ違いのパターンは大きく7つに分けられますが、それらの場面をうまく避けるコツも、同じく7つ挙げられます。スジ違いを解消する7つの作法として、ご参考ください。

1. 「うまくやろう」ではなく「人のためにしよう」という意識
2. 徹底した「ホウ・レン・ソウ」
3. 古典に頼る
4. 責任の所在をはっきりさせる
5. 「共感」「承認」してくれる相手を増やす
6. 自分の信用残高を常に確認
7. 高倉健を見習う

〈1.「うまくやろう」ではなく「人のためにしよう」という意識〉は、とても大切なことです。うまくやろう、というのは自分のためですよね。失敗して怒られたくない、褒められたいなど、意識が自分に向いています。そうなると自分を取りまいているスジが、どのように運動しているか、見えづらくなります。

他人に対して滅私奉公をしてくださいと言っているわけではありません。相手の立場でものを考えるということです。自分も相手も、得す発想で、仕事にあたってください。

自分の利益を確保しながら、他人の利益にも懸命な人は、まずスジを違えません。周りを得させてくれるのだから、味方のスジも増えていきます。人生を豊かにするポジティブなスジを編んでいくには、「人のため」に動きましょう。

〈2. 徹底した「ホウ・レン・ソウ」〉は、特に若いサラリーマンには必須です。

何があろうと、上司や会社にはしっかり、報告と連絡と相談。なかには自分の能力を高く見てもらいたいゆえに、ホウ・レン・ソウを怠る若い人がいます。しかし経験上、ホウ・レン・ソウぐらいのことができなくて、能力が優れた人は見たことがありません。年長のサラリーマンでもホウ・レン・ソウの足りない人はいますが、その人の周りでスジ違いが起きても、情報の共有ができていないので、同僚や部下が迷惑をこうむります。

ホウ・レン・ソウは社会人の常識である以前に、万一何かトラブルが起きたとき、チームを助けるセーフティとして機能します。面倒でも、必ず心がけてください。

〈3．古典に頼る〉は前の章で詳しく述べましたね。書籍を読むのもいいですが、いまは専門家が古典を教えてくれるカルチャーセンターや動画サイト、個人教師の派遣業もあります。講師には大学教授など、ハイレベルな方もいます。時間がある人は、ご自身の出身大学の文学部の先生を訪ねて、講義を聞かせてもらうのもいいですね。

スジづくりの強い筋肉をつけるのに、古典は最適。お気に入りの論語の一節を、いつでも諳《そら》んじられるぐらいの教養があれば、ビジネスでプラスに働く場面が、ぐっと増えます。

〈4．責任の所在をはっきりさせる〉は重要です。何か問題が生じたとき、「責任がどこにあるのかわからない」のが最悪のパターン。例えば、仕事でどうにも納得のいかない対応をされたときは、必ず責任者に出てきてほしいですよね。そこで「責任者は不明です」となると、怒りは爆発、収拾がつかなくなります。

正しいスジが通っている仕事なら、責任者がいないということは、絶対にありえません。逆に言うなら、スジが間違ったまま入り組んでいると、責任の所在は曖昧になります。

いかなる仕事も、責任の問われるポイントは必ず明確にすること。明確にならないとしたら、そこで仕事している人たち全員、情報の整理能力に問題があります。

さらに言うなら、全部の責任は自分で引き受ける、そのぐらいの心意気を持ちましょう。要は、当事者意識を忘れないこと。経営コンサルタントの第一人者、一倉定《さだむ》は「電信柱が高いのも、郵便ポストが赤いのもすべて自分のせいだと思え」と説きました。松下幸之助の言葉から引用した名言ですね。

責任の所在がわからないなら、きっと責任は自分にある。

そのぐらい大きく引き受けられれば、ビジネスマンとしてだけではなく、人間の器は格段に広がります。

一方で、責任を明確化することは大切ですが、責任追及が強すぎてはいけません。後の章で述べますが、責任追及が過ぎるがゆえに、事態がよけい悪くなることもあります。責任をはっきりさせることが肝要。そうしたうえで、どんな対処を取るのかが大切です。

〈5.「共感」「承認」してくれる相手を増やす〉は、お薦めです。スジの通らない場面に遭ったとき、ひとりで憤っているのはストレスが溜ります。そこで、怒りを共感してくれる仲間、または「君は間違っていない」と承認してくれる誰かがいると、だいぶ楽になります。

人の心には、どれだけ理不尽な怒りに遭っても、その怒りに寄り添ってくれる意見があると、怒りの温度が下がるという、不思議なメカニズムがあります。怒りが放出される、ストロー状のパイプが外にできるという感覚でしょうか。

スジ違いが生じる場面には、それによって迷惑を被っている同じ境遇の仲間が、きっといます。仮に敵対関係でも、思いきって接近しましょう。そして、お互いの憤りをぶつけてみてください。

イライラを共有することで、事態を解決するアイディアも出し合えるでしょう。

ひどくスジの通らない仕打ちをされても、共感ポイントの多い仲間がいれば、笑い話に転化させることもできます。ストレスマネージメントの見地からも、普段から親交性の高いスジを、たくさんつくっておきましょう。

〈6．自分の信用残高を常に確認〉は、意外と多くのサラリーマンができていないことです。しばしば勘違いされていますが、サラリーマンの価値とは、年棒の高さでも肩書きでも人脈でもありません。信用です。会社の名前ではなく、「あなたにならら任せたい」という信用が、本当の価値であり、実質の評価です。

時間を守る。ノルマをクリアする。発注された仕事を、発注された通りに仕上げる。投げ出さない。約束した金額を支払う……。

そういった当たり前のスジを通してきた積み重ねが、信用残高になります。

信用残高の低い人に、いい仕事は回ってきません。銀行が会社にお金を貸すのに、何を最優先させているか、ご存じですよね？　アイディアや計画より、信用がまず求められます。

信用していない人が無茶な仕事をふってきたり、図々しい依頼をしてきたら受け入れられませんが、信用している相手なら多少の無茶も、聞いてあげようという気になります。それがスジの柔軟なところ。通りそうにないスジも、信用残高が高ければ、通ってしまうことが多々あります。

日本のサラリーマン社会は、成果主義でも年功序列でもなく、信用のある人が一番強い。それは変わりのない実態です。

こつこつと小さなスジを通し続けて、信用残高を増やしてください。

信用残高が一気に増えることは、滅多にありません。逆に、そう簡単に増えないものだと認識されているので、その人の掛け値のない努力の証明になります。

自信という言い方でも、いいでしょう。スジを通してきた経験値は、不測の事態やトラブルに遭っても対応できる、自信になります。

〈7．高倉健を見習う〉は、スジ通しの総合編と言えます。

昭和の名優・高倉健さんは、たいへん優れた人格の持ち主だったと言います。映画関係者にインタビューする機会がしばしばありますが、高倉健さんの不評はまったく聞いたことがありません。年長の映画人ならばかなりの割合で、第一に尊敬する人物として、高倉健さんを挙げられます。

さまざまな思惑や政治的な駆け引きがなされる映画ビジネスにおいて、高倉健さんがなぜ、関係者から信望を集め、かつ一線級の人気役者でいられたのか。

スジを通して生きる達人だったからです。

詳しくは、高倉健さんに長く取材されていた谷充代さんの著書『「高倉健」という生き方』に記されています。

取材スタッフのために自身で車を運転される、末端のスタッフの身内に不幸があった際には線香を送る、映画の予算や規模ではなく、製作側のかける思いの熱さで出演を決める、一度だけ結婚した江利チエミさんの墓にウイスキーを供え続けた……など、映画スターらしからぬ、気づかいのエピソードが満載です。

なかでも印象的な逸話があります。

谷さんは、某作品の映画撮影ロケに同行していました。現地で高倉健さんに取材した原稿を、編集部に送信しました。すると担当編集者ではなく編集長から、即日校了にしたいので高倉健さん本人から直接、電話がほしいと言われました。高倉健の名前で掲載する以上、本人からじかにOKという了承を取りつけたいのだそうです。普通の段取りと思われるかもしれませんが、この場合は、谷さんを信用して起用した担当編集者の顔を潰すことになります。また裏を読むと、編集長には、本当に高倉健さんに取材して書いたのか？という谷さんに対する疑念も感じ取れます。

そもそも撮影期間中の映画スターに、直接電話をかけさせて、原稿の了承確認を取るというのは失礼です。スジとしては編集長が現場に出向いて、きちんと手続きを取り、高倉健さんとお会いして、ご本人に確認するべきだと思います（その前に谷さんへのスジ通しは必要になります）。

困惑した谷さんは、高倉健さんの事務所に相談しました。すると健さんご本人から谷さんへ連絡があり、こう言われました。

「一緒に仕事をする仲間を信じることができない人とは、仕事をするべきではない」

それだけ言って、電話を切られたそうです。

編集長のスジが違っていることを毅然とたしなめた、厳しい言葉でした。谷さんは腹をくって原稿の引き上げと、仕事の降板を編集長に申し出ました。

慌てた編集長は結局、申し出を撤回して、そのまま原稿を掲載したそうです。記事の信用性を確保するために、誰が書いたのかを明らかにするのは、編集長の大事な仕事です。けれど忙しいことを理由に、正しい段取りを飛ばしてしまうと、このような好ましくない事態が生じます。編集長は雑誌の目玉になる映画スターの機嫌を損ねたのを察して、胆を冷やしたことでしょう。

高倉健さんはこの場合、事務所を通じて「私から電話はしません」と言えばよいところを、わざわざ谷さんに直接、自分の言葉でお叱りの言葉を述べておられる点が、素晴らしいですね。多くの人の関わりのなかで、仕事をする人のスジが通っています。

高倉健さんは、日本人なら誰もが知る有名人だったにも関わらず、細やかな配慮とサービスのできる人でした。不遜《ふそん》な態度をとっても、誰も文句が言えないランクの方なのに、常に謙虚。黙々と仕事して、人と人とのスジを通し続ける。不器用だけれど誰からも信望される、銀幕のイメージそのままの人物でした。

高倉健さんと仕事したスタッフは、高倉健ってどんな人？　と聞かれると、こう答えると言います。

「もう一度、人間というものを信じてみたいと思わせてくれる人」、そして「もう一度、ちゃんと生きてみたいと思わせてくれる人」だと。

スジを通して生き抜いた人のみが受けられる、最大級の賛辞ですね。

高倉健さんはスジを通すオリンピックがあれば間違いなく、金メダル級のアスリートだったと思います。

彼に関する著作はたくさん出ています。出演されている映画の役柄も、スジの通った人物ばかりです。ぜひ参考にしてください。

求められるのは先回りのセンス

これまで紹介したように、スジ違いのパターンは多岐にわたります。

ほとんどは些細なズレから生じます。不測の事故ではありません。きちんと注意と配慮が行き届いていれば、必ず回避できます。

先に述べた7つの項目を守れば、まずスジ違いを起こすことはないでしょう。

7つの項目の実践に、共通すること。

それは〝ひと手間〟です。

相手の立場に立つ。報告を怠らない。古典を学ぶ。責任の所在確認。実績よりも自分の信用――など、スムーズにスジを通していく実践法には、ひと手間が求められます。言われたことを言われた通り、面倒くさがって、右から左に流していくだけでは、いけません。

言わば想像力の問題です。その行動をとることで、相手がどう思うか？　自分が属しているチームがどのような状態に向かうか？　まずは落ち着いて考えて、ひと手間に臨みましょう。

ひと手間の加わった対応に、目くじらを立てる人はいません。

逆に言うなら、先の実例集を見ても、そのひと手間を惜しむがゆえにスジがずれ、周囲を怒らせているパターンが非常に多いです。

スジの通らないトラブルは9割方、当事者たちは「こうしてくれたら別に怒らなかったのに」と言います。それは決して、手の掛かる作業ではありません。誰々さんに一本、電話すればよかったとか、言い方を変えれば良かったなど、ひと手間であっさり回避できたパターンばかりです。

ひと手間で、たいていのスジ違いは解消されます。

しかし、その有効なひと手間が何であるのを見きわめるには、経験値が必要です。スジ違いを起こし、何度も人に怒られるのは、逆に経験値を重ねる意味では有効なのかもしれません。

スジがどこに伸びているのか、誰と繋がっているのか。自分の仕事だけでいっぱいいっぱいにならず、スジの先を見ていきましょう。

複雑なスジ社会のなかで、スジの交通渋滞を起こさないためには、先回りでものを考えるセンスが求められます。

スジ違いを起こさない基本は、予防です。

まずは視点を引くこと。

狭い視点に留まらず、自分が複雑なスジの編み目の中にいて、あらゆるスジとリンクしながら仕事していることを意識してください。

周りのスジの編み目が見渡せる余裕がでてくると、有効なひと手間を先回りして打つことができます。どのスジを守っていれば安全か、潤滑に事が進むか、スジのルートもわかってきます。

視点を広く持って、上手なひと手間を重ねていきましょう。

経験値が上がれば、やがて他人の作ったスジではなく、自分から誰かに向けて、太いスジを作っていくことができます。自らスムーズなスジの通る環境をマネジメントしていく、それが一人前の社会人と言えます。

3割30本打者はチームワークを守らなくてもいい？

勘違いされてはいけませんが、協調性を持ちましょうと言っているわけではありません。協調性は特に必要ないです。スジを通すセンスは別物と考えてください。

いつの頃からか教育現場レベルで、高い協調性が個人の評価を測る物差しになっています。もちろん周囲と軋轢《あつれき》を起こさず、組織に順応してパフォーマンスできる能力は、褒められるべきでしょう。しかし協調性を気にするあまり、他人の顔色をうかがう、空気読みに熱心になる、そして個人の能力を抑えてしまうのでは、意味がありません。

ＩＴ革命以降、スピード社会へ移行したことにより、協調性というものは、マイナスポイントとまでは言いませんが、仕事現場で必要な能力ではなくなってきています。

いまどき、あいつは協調性があるから優秀だ、なんて褒められている人は少ないでしょう。むしろ協調性はないけど仕事はすごい、さらに言うなら無茶苦茶だけどしっかりスジは通すという人の方が、評価を得ています。

協調性とは本来、組織の仕事を高めていくための個人の能力でした。

しかし電子機器やネットの発達により、組織内の情報の共有が素早く、手軽に行えるようになりました。周囲との同調や顔色うかがいをしないでも、組織に寄与するパフォーマンスが可能な時代です。

協調性は不必要とまでは言いませんが、重要視される能力ではなくなりました。

組織にとってメリットになること。そして自分の利益になることのクロスポイントを探っていく、知的なチューニングが大切です。組織との同化より、あらゆる場面でスジを通す才覚が、ビジネスでは要求されています。

3割30本塁打の打者ならチームワークを守らなくてもいいというのは、実は正しいのです。

チームの勝利に貢献するという最重要のスジを、通しているのですから。しかしほとんどのサラリーマンは3割30本塁打を打てないので、周囲の顔色をうかがって、チームワークに徹しようとします。それはそれで結構ですが、協調性一本で、低い打率をカバーできる時代では、なくなっていることを覚えておいてください。

協調性を守る人が、いちばん多く使う手は「何も言わない」です。

何も言わなければたしかに軋轢もトラブルも生じませんが、何も言わないということは、仕事の主体を放棄しているのと同じことなので、評価を高めるはずがありません。チームワークには徹するけれど、スジを通すときには声を上げる。これが現代のビジネスパーソンの理想です。

例を挙げましょう。勝新太郎の『影武者』（監督・黒澤明）降板劇です。

1979年7月のクランクイン直後のこと。勝さんは自分の演技を撮影するために、ビデオカメラを撮影所に持ちこみました。黒澤監督の許可をとっていない勝手な行為だったので、黒澤監督と衝突します。黒澤監督は、自分の映画の撮影現場に他のカメラが入ることを許さず、勝さんは自分で演技の確認をしたいから撮るのだと、互いに譲らない。問答の末、勝さんは撮影現場を立ち去り、二度と戻って来ませんでした。

主演自らが現場を去るという、大変な暴挙ではありましたが、合わない監督のもとでは芝居をしないという、役者のスジを勝さんは通したとも言えます。

後に黒澤監督はインタビューなどで、勝さんの降板について聞かれると、語調を荒らげます。

「その話をいつまでするんだ？　勝くんは自分で兜《かぶと》を脱いで、現場を去った。あのときに勝くんはこのシャシン（映画）とは何の関係もない人になったんだから。いつまでも降板にこだわって聞いちゃったら、勝くんが可哀相だろう」

という意見を述べています。監督としては許せない行為だったはずなのに（降板は黒澤監督の意向だったという証言もありますが）、勝さんの立場を慮《おもんぱか》って、攻撃することなく慎重に発言されています。性格が合わないことはわかっていただろうけど、あえて名優を起用した、監督のスジが通っています。

後に主演は仲代達矢さんに交代しました。それにより勝さんと仲代さんの間に別の確執が生じるなど、トラブルは続きましたが、完成した『影武者』は空前の大ヒットを記録しました。そしてカンヌ映画祭でグランプリを受け、映画史に残る傑作時代劇となりました。スジが通っていればチームワークが壊れても、結果は丸く収まるという好例でしょう。

スジが違うと思ったら、自分のリスクを引き受けて、声を上げる。そのひと手間が結果的に、最も大きな成果を導く、スジを引き寄せることが多々あります。

大胆に、ひと手間をかけましょう

スジ違いを怖れて、ひと手間どころか、行動しないのが一番ダメです。

そもそも無関係な人との間に、スジ違いは発生しません。スジが違って、誰かに怒られたとすれば、それだけ関係性が高まったということです。コミュニケーションでの失敗も、ポジティブにとらえてください。

前述の7つの項目と、ひと手間を意識して、社会人生活にスジを通していきましょう。

第5章　これからの社会にスジは必要か？

アメリカはスジがなくても回っている健全な社会？

スジについて、考えてきました。ここで、あらためて問いましょう。

スジは、ビジネスに必要でしょうか？

会社の内外でスジがズレることにより、さまざまな支障が生じることがわかりました。仕事の遅れ、誤解による信用の損失、人間関係の冷え……いろいろあります。そしてスジ違いで生じる支障は、けっこう根深く、簡単には取り戻せません。本当に厄介です。

ならば、最初からスジなんていう面倒くさい「ルール」など、なくなってしまった方が、ビジネスは健全ではないのか？　そう思われる方も多いでしょう。

例えばアメリカ。第3章で取材させていただいた方のなかに、アメリカの会社で長く勤められた方がいました。日本でいうところのスジの概念は、向こうにはまったくないように感じたと言われます。完全な能力重視の成果主義。アメリカは正社員よりも契約社員の方が、給与と待遇に恵まれているのは有名ですね。何社もの企業を飛び回っている契約社員は、そのぶん正社員よりも多くのスキルと能力を持っていると、高く評価されています。

一方、アメリカのビジネスマンのスジに該当する概念は、前述したように正義だと言います。

その行為が、正義的かどうか。いわばフェアであることが、何よりも重視されます。合法的な儲けのためには、いかなる手段も辞さない。ときには人情に反した行為も平気で行われます。顕著なところでは、アメリカの会社ではおそろしいほど簡単に、社員に解雇を言い渡します。人員整理は企業にとっては、フェアな行為。周りから責められることはありませんし、解雇された側が、いつまでも会社を恨むようなことは、日本ほど多くはありません。

ただしアンフェアな行為は、徹底的に糾弾されます。

契約上の違法を働いた、取引先を騙した、人種差別を行ったなど、反正義的なビジネスは絶対に許されません。健全と言えば健全ですが、「悪いことだけど、今回ばかりは許してやろう」という、日本社会風の情状酌量が介入しない、ちょっと窮屈な社会でもあります。

アメリカは、スジがなくても、経済社会は順調に回っています。

日本も見習って、スジをなくしてしまったらいいのでは？　逆に、グローバル化が急速に進んでいる時代に、スジなんて昭和の産物は、邪魔ではないのか？　そう思われても当然でしょう。

けれど、あえて言います。

スジは必要。

さらに言うなら、逆に、グローバル社会に適応している、ビジネスの強力なレギュレーションとなります。

グループの意見を味方につけるために

人事の裏側に詳しい、作家の楠木新さんの著書に『知らないと危ない、会社の裏ルール』があります。スジの有用性を考察するうえで、たいへん参考になる良書です。

楠木さんが人事を請け負った現場での実例を通して、会社組織の特殊な力学構造を解析しています。

印象的なエピソードを引用します。

かつて楠木さんが人事課の課長代理をされていたときのこと。昇格間もないM課長との間で、課全体から3人の減員計画が決まりました。M課長の話では、課のグループリーダーには事前に根回しをしており、減員に積極的な賛意はないものの、特に反論や異論がなかったため、M課長の決定で減員プランを進めてもいいと考えられました。

ところが後に、M課長が楠木さんに、減員の話の仕切り直しを申し出ました。課全体の社員から、減員は認められないと突きつけられたそうなのです。

聞くとグループリーダーはそれぞれ、Mさんの根回しの後、受け持ちのグループと打ち合わせしました。そこで現場から「3人もの減員は聞いてない」「業務が滞る」「人事でかってに物事を進めてもらっては困る」という意見が相次ぎ、グループリーダーが明確な反対派に、回ってしまったというのです。

M課長は「個人としては誰もはっきり意見を言わなかったのに、グループになると急に『公式の見解』を表明してきた」と、こぼされたそうです。

M課長には部下を強引に指図できる実質的な権限はなく、課員みんなの反感を買うと立場が悪くなる、苦しい事情がありました。M課長は「ビジネス書に書いてあるようなマネジメントは、実際にはできない」「社内では、個人ではなくて、結局はグループなんですね」と言われたそうですが、まさにその通りでしょう。

このエピソードには、スジを考察するうえで極めて重要な事実がふたつ示されています。

まずひとつは、M課長の失敗の理由。グループリーダーとの根回しの前に、減員の人数と意図をきちんと伝え、課全体のコンセンサスを図っておかなかったこと。実質的な権限があろうとなかろうと、チームの管理者として、通しておかなければいけなかったスジを間違った結果です。

もうひとつは、M課長の呟き。「結局はグループなんですね」は、まさに会社組織の真実です。

もしM課長が、スジ通しを上手に取り計らえていたら、事態はまったく逆となっていたはず。グループの賛同を得られ、減員は進み、M課長はスジ通しがうまい人として、評価が高まったでしょう。

通すのは、手が掛かる。けれど通ってしまえば、強い味方になるのが、スジです。「個人としては誰もはっきり意見を言わない。けれどグループになると『公式の見解』を表明する」のは、日本人の独特のキャラクターと言えます。そこに本音と建前、暗黙の了解、常識論などが複雑に折り重なって、会社組織は動いています。アメリカのようなフラットなフェアネス主義は、通用しません。

効果を発揮するのは、スジの調整能力です。

いかなる場面もスジの調整ができれば、味方は増え、評価も実績もついてきます。

スジさえ通していれば、だいたいうまく回っていくのが、日本の会社組織。

数字上の成果主義に怯《おび》えなくとも、配慮次第で誰でも優位が取れる、広義的にはアメリカとは別のタイプのフェアな「ルール」で動いていると言えます。

成果主義は理想とは言えない

日本のビジネスマンの共通したグチのひとつは、年功序列社会です。

サラリーマンは普通、入社年次の古い順に、給料が高く設定されています。能力とは関係ない。無能な上司でも、ただ長く勤めているというだけで、有能な新入社員の倍以上の給料をもらっている会社は、そう珍しくありません。

上司は、現場の平社員が苦労してまとめてきた企画や案件に対し、書面だけで文句や意見をはさむ。大事な実務は部下に任せて、自分は社内政治や、退職後の天下り先の調整に勤しんでいる。そんなヤツが、自分よりも高いお金をもらうのは、納得いかない！　とお怒りのサラリーマンは多いでしょう。

楠木さんの『知らないと危ない、会社の裏ルール』では、年功序列社会についても言及されています。

中高年のサラリーマンが高い給与を得ている理由は、ラジアーの理論によります。

ラジアーの理論とは、スタンフォード大学のエドワード・ラジアー教授が確立した、労働経済学の理論です。

多くの会社では、雇われたサラリーマンは雇用の前半、仕事能力より低い賃金を受け取ることで、企業に「預託金」を積んでいる。そして雇用期間の後半、高い賃金を受け取ることでその預託金を引き出し、退職時に賃金の支払い総額のバランスを均衡させるという、暗黙の契約が結ばれていると言います。

このような賃金の支払い方法は、社員は何らかのトラブルで定年以前に解雇されると、預託金を引き出せなくなってしまうので、一生懸命、途中で辞めずに働くようになる。これがラジアーの理論の大まかな要約です。

楠木さんはラジアーの理論を採り入れた日本の社会を、「日本の高度成長期に、社員の労働力を確保するため、年功制賃金によって給料の『後払い』を約束した」と説いています。

後で受け取る預託金、つまり賃金が高くなるならば、会社を成長させるためにサラリーマンは何十年も、頑張って仕事に励むでしょう。その預託金の最大の引き下ろしが、定年退職金となります。ラジアーの理論はこうした年功賃金が、貢献と賃金の収支バランスを合わせるとして、定年退職制度を肯定しています。

ラジアーの理論をベースにした雇用形態により、日本社会は仕事そのものではなく、人の投資した時間に対して、お金が払われているという感覚が浸透していると考えられます。つまり時間を消費した人にはその分、たくさんの賃金を返さなくてはいけないという思いこみ。これが年功序列を強固にしている所以のひとつでしょう。

欧米社会では早くから、個人の能力やスキルに評価のポイントが集まる、成果主義が採られています。有能な人は高給で、無能な人は薄給か切り捨てに遭う。それはそれで合理的です。

無能な上司に苦しめられている日本のサラリーマンは、年功序列を廃して、欧米のような成果主義に変えてほしいと、強く願っていることでしょう。

心情的には理解できます。無能な人が高給を取るのは、おかしいには違いありません。けれど、本当に成果主義は、理想的でしょうか？

欧米社会を見てみると、個人の能力が尊重されている分、個人の責任が非常に大きく問われています。仕事の範囲が明確で、やることをやればいいけれど、それほど積極的に助け合いはしません。個人同士の自己主張は強く、足の引っ張り合いも激しいと言います。

組織に所属する一体感は薄い。会社が伸びるより、個人の能力を活かせることを優先します。だからひとつの会社に長年いるより、高く能力を買ってくれる会社へ移籍を繰り返すのが、欧米では当たり前です。実力に相当の自信があるなら結構でしょうけれど、組織の1ピースに徹し、組織全体の成果に貢献するのが得意なタイプの人には、居心地の悪い社会だと言えます。

楠木さんは、

「能力や仕事ぶりを完璧に査定されて、それが給与や役職に直接に反映されるとなればどうだろう。自分の評価がガラス張りになり、報酬にもストレートに直結するとすればうまくいくだろうか」

と述べられています。そして、

「もし完璧な成果主義を徹底すると、個々の社員の言い訳や自分を納得させる理屈づけを破壊してしまう。そのことが社員のモチベーションの低下につながりかねない」

と論じられています。その通りではないかと思います。

年功序列を全肯定するわけではありませんが、能力以外のものが査定の基準になっているのは、サラリーマンの心の安定に、役だっている面があるのです。

人はみんな本当の評価より、自分の能力を3割ほど高く見積もっていると言います。成果主義が導入されると、評価の実質の低さに、がっかりするサラリーマンの方が多くなるはず。給料の安さを組織の仕組みのせいにするのは卑怯《ひきょう》かもしれませんが、そうやってグチグチ言っている方が、日本人の心性には合っています。

また日本の会社のシステムでは、個人の責任が分散されることで、組織みんなで責任を取るという、一体感が生じます。責任の所在不明は日本社会の悪しき点のひとつではありますが、責任の所在を明確化しすぎると、個人の仕事に対する恐怖心や躊躇を呼びこみかねません。

第3章で述べた対策と反する意味ではありません。責任は、はっきりさせるべき。けれど日本人は責任を損じた張本人を、何が何でも特定して、一斉に攻撃する気質があるので、配慮しなくてはいけないと言いたいのです。

責任の明確化で、個人のパフォーマンスが落ちるのは本末転倒。個人の責任追及がどれほど攻撃的で、当人にとってダメージなのかは、近年の佐村河内守さんや小保方晴子さん、佐野研二郎さんの例を見るまでもないでしょう。

成果主義は成果を求めるスピード社会には適していますが、プロジェクトが失敗したとき、引き起こした当人に罰を与えないと気が済まない日本人の特性のなかでは、あまり有効なシステムとは考えられません。

日本の会社組織は、いまだに根強く江戸時代からのムラの仕組みが残っています。ネット文化が急進しても、さまざまな常識が前代的。早急に成果主義に切り替えるのは、リスクが高いと思われます。

むしろ年功序列のような、理不尽だけれど曖昧な査定基準の方が、まだフィットしており、働き手のやる気を高めてくれています。

使えない年寄りに、高いお金を払う。

それは日本のスジであり、高度経済成長をよくも悪くも支えた、バランスの取れたシステムだと解釈できます。

もちろん、いつまでも維持されるべき最良のシステムではありませんが、早急な刷新は逆に危ないのではないかと思います。

親子型の社会システムに最適のコミュニケーションツール

楠木さんは、日本の会社組織の特色と構造を、明快に分析されています。

日本の会社は、基本的に親分―子分の関係を軸にした、「親子型（一律序列型）」であると。課や部など所属する小集団の違いはあれど、サラリーマンはひとりの親分（社長など直系の上司）に忠誠を誓う、縦の序列によって支配されていると説かれています。

この親子型システムは、親分の意向を最終決定のポジションに据えた、子分たちの政治関係で稼働していると言えます。同意を得る、根回しをすることが何より求められる。先のM課長は、その点を失敗しました。

楠木さんは、親子型システムについて、

「高度成長期の日本が目を見張る発展を遂げることができた理由のひとつには、この親子型の人の結びつきの効果が大きかったと思われる。多くの社員を一丸となって動員できる特徴をいかんなく発揮することができたからである」

と、有用性を説かれています。

日本人にとって、親はかつては言うことを聞く存在であり、守られるべき規範でした。親の言う通りに動くことが、是であり、その親も優れた人格が求められていました。立派な親が子を導き、豊かな社会をつくっていく。事実がどうであろうと、それが日本人が無意識のうちに求めてきた、日本社会の理想像なのです。スピード&情報化社会がどれだけ進んでも、この道徳観は、簡単に廃《すた》れそうにありません。

松下幸之助など経済の偉人の言葉には、その道徳観が通底しています。「松下は家電ではなく、人をつくっています」という名言に、よく表れています。

父権的な強さを持つ指導者のもとで、子どもたちが育ち、社会に貢献していく喜びこそ、サラリーマンの善とされているのです。

このような情緒的な組織体のなかで、「ルール」として万全に機能するのが、スジだと言えます。

楠木さんは、会社組織で「円滑に調整を進めるには、その組織の中で、どのボタンを押せば、話が進むのかをつかむ感度が重要である」と、述べられています。

ボタンを押す、というのが、いわばスジ通しです。

親子型システムの組織においては、人間関係や利害関係、思惑が複雑にからみあっています。誰かの命令や、お金だけではスムーズに機能しません。

「大事なのは金ではない」という姿勢が、日本社会では求められます。お金を超えた効力を発揮し、かつ情緒的なこじれを解消するのは、スジを通すことしかないのです。

スジとは、日本社会を統べてきた親子型システムのなかで、仕事をうまく進める作動ボタン。加えて言うなら日本人が考え出した、発明品です。

世界のどこに行っても役に立つ、社会を円滑に営んでいくビジネス&コミュニケーションツールでもあると思います。

スジはグローバル社会に求められる理想のルール

スティーブ・ジョブズが２００５年、スタンフォード大学の学生たちに向けて行った、伝説的なスピーチを紹介します。

「未来に先回りして点と点をつなげることはできない。君たちにできるのは過去を振り返ってつなげることだけだ。だから点と点がいつか何らかのかたちでつながると、信じなければならない。自分の根性、運命、人生、カルマ、何でもいいから、とにかく信じろ。歩む道のどこかで点と点がつながると信じれば、自信を持って思うままに生きることができる。たとえ人と違う道を歩んでも、信じることが全てを変えてくれるのだ」

このスピーチは、ジョブズ以降の世界中の若手起業家たちを奮わせました。点と点をつなげ、イノベーションを起こす。それはジョブズが興したＡｐｐｌｅ社の理念でしょう。

ジョブズの語る「点」は、そのまま「スジ」に置き換えられます。

スジとスジがつながることで、あらゆる関係に、ポジティブな変化が起きます。

つながることで太くなったスジは、個人や会社を成功させる手助けとなります。

ソースは明かせませんが、こんな事例がありました。

ある欧州の大手企業N社に、日本から提携の要請が押し寄せました。訪れたのは十数社。なかには総資産数千億クラスのメジャーな企業もありました。各社ともN社の人気商品の、日本での独占販売権を求めています。N社はそれほど時間をかけず、P社との提携をすんなり決めました。

P社は日本国内でも5、6番手ぐらいの会社でした。超メジャー企業の破格の提示を振って、なぜP社を選んだのか？

N社の社長は、関係者だけにこう言いました。

「P社は、利益の数％を、子どもたちへの慈善事業に投資する契約をあげてきたんだ」

N社の人気商品とは、子ども向けのオモチャだったのです。

P社は、子ども向けの商品を扱う会社が、子どもの幸せにお金を使うという、シンプルなスジを通しました。それにより、ビッグビジネスをものにしたのです。

同様の例は、挙げるとキリがありません。海外進出に成功している日本企業、またはビジネスマンは、しっかりした根回しで現地国にスジを通し、成果を挙げています。

円のパワーなど借りずとも（すでに大部分の国で効力はありませんが）、日本人は早くから、グローバル社会に通用する、ビジネスツールを使いこなしていたのです。

スジとは、お金のかかっていない関係を担保する信用通貨とも言えます。

使いこなすには、親子型システムを甘んじて受け入れるとか、多少の息苦しさに耐えないといけないなど多少の副作用はありますが、一度通れば言語や国境、お金や契約書など関係なく、強いパートナーシップになり得ます。

スジを通してくれたのだから、味方になる。

これは欧米圏でも通用する正義です。

逆に言うなら、スジを通していれば、どんな相手でも決して争う関係にはなりません。

大袈裟な言い方かもしれませんが、世界から紛争をなくすには、優れた政策を立ち上げるよりも、スジを通す日本人のセンスが役に立つのではないでしょうか。

人類が追い求めてきた最良のコミュニケーションは、スジにあるのではないかと、私は考えています。

繰り返し述べているように、スジを通すのは、それほど難しいことではありません。

少しの知恵と、組織のなかのボタンを押す感度。

そして、ちょっとのひと手間があればいいのです。

スジとは、言わば「心」。

心をないがしろにして、成功した人はいません。

心の扱いに長けた人に、信用も評価も集まるのは当然ですね。ひと手間を心がけて、スジ社会を豊かに生きていきましょう。

[参考文献]

『論語に学ぶ』安岡正篤（PHP文庫）
『中村修二の反乱』畠山憲司（角川文庫）
『ビギナーズ・クラシックス　中国の古典　論語』加地伸行（角川ソフィア文庫）
『論語』全訳注　加地伸行（講談社学術文庫）
『道をひらく』『続・道をひらく』松下幸之助（PHP文庫）
『怒りのブレイクスルー』中村修二（集英社文庫）
『一流の仕事術　気配り篇』山崎武也（PHP文庫）
『「高倉健」という生き方』谷充代（新潮新書）
『筋を通せば道は開ける』齋藤孝（PHP新書）
『知らないと危ない、会社の裏ルール』楠木新（日経プレミアシリーズ）
『ポジティブの教科書』武田双雲（主婦の友社）
『さようならと言ってなかった　わが愛わが罪』猪瀬直樹（マガジンハウス）
『エッセンシャル思考　最少の時間で成果を最大にする』グレッグ・マキューン（かんき出版）
『筋と義理を通せば人生はうまくいく　Yes！　高須は大真面目』高須克弥（宝島社）
『嫌われる勇気　自己啓発の源流「アドラー」の教え』岸見一郎　古賀史健（ダイヤモンド社）
『古典が最強のビジネスエリートをつくる』齋藤孝（毎日新聞社）
『偶然完全　勝新太郎伝』田崎健太（講談社＋α文庫）
『週刊SPA！』（扶桑社）

かじさとし

制作会社、プランニング、販売、営業職などサラリーマン生活を経て独立。
本名で小説、評論、著名人のインタビュー記事などを執筆。
書籍の構成も担当。近年は堀江貴文、齋籐孝、小宮一慶、武田双雲など、
多数の経営者・アーティスト・大学教授の著作を手がける。

社会人が困った時のための スジの通し方

２０１６年５月３日　第１刷発行

著者　かじさとし
装画　ヨシタケシンスケ
装丁　川名潤（PriGraphics）
発行者　土井尚道
発行所　株式会社飛鳥新社
〒１０１－０００３　東京都千代田区一ツ橋２－４－３　光文恒産ビル
電話　０３－３２６３－７７７０（営業）　０３－３２６３－７７７３（編集）
http://www.asukashinsha.co.jp

印刷・製本　中央精版印刷株式会社

ISBN 978-4-86410-478-4

編集担当：　品川亮